THE 相模鉄道

広岡友紀 著

彩流社

Contents

▲相鉄のマスコットキャラクターをデザインしたラッピングトレイン。

相鉄の路線

▲横浜内陸部の重要な交通手段となっている相模鉄道。

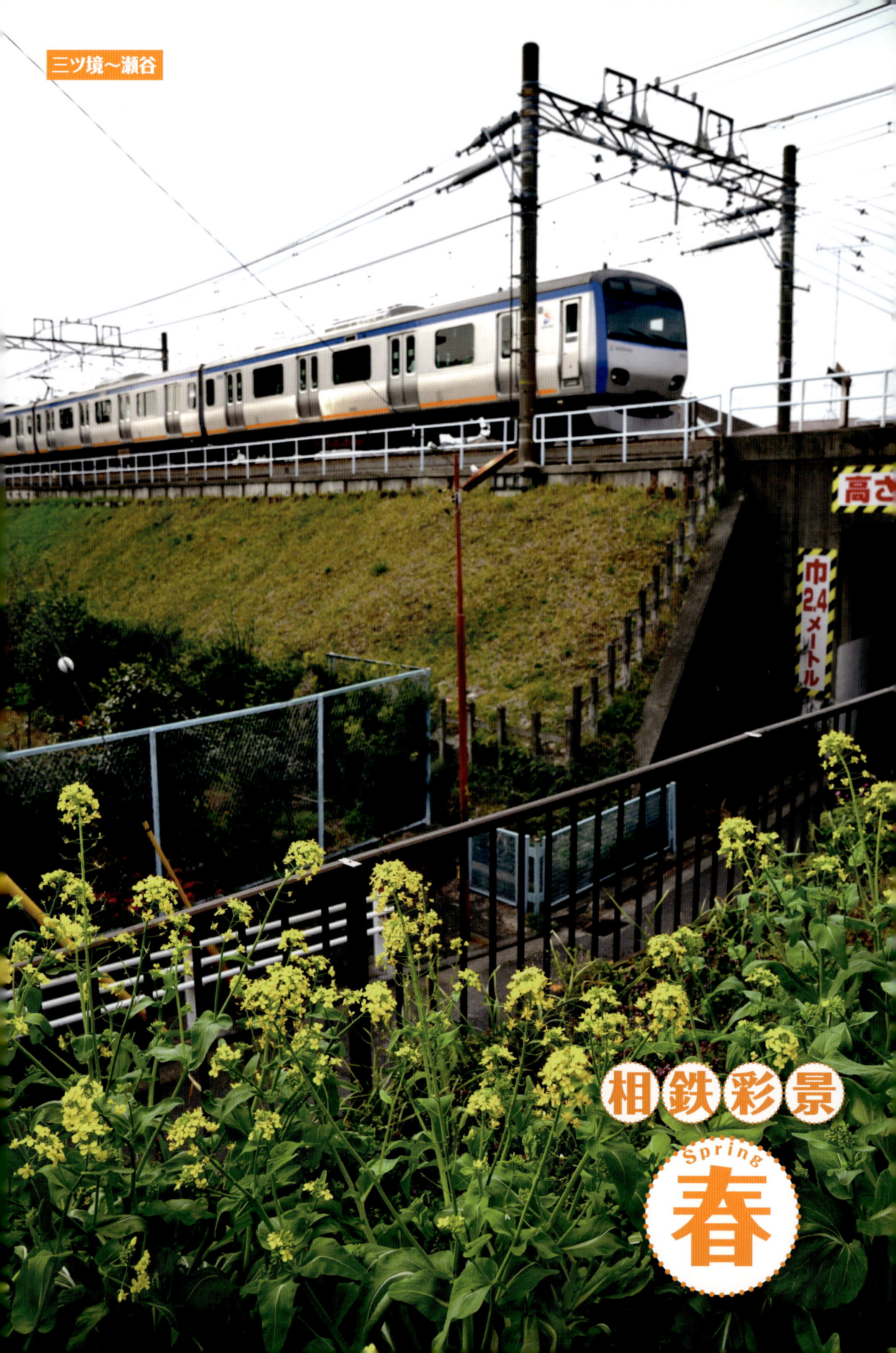

三ツ境～瀬谷

相鉄彩景

Spring

春

相模鉄道路線図

相鉄本線
いずみ野線
横浜
平沼橋
西横浜
天王町
星川
和田町
上星川
西谷
鶴ヶ峰
二俣川
希望ヶ丘
三ツ境
瀬谷
大和
相模大塚
さがみ野
かしわ台
海老名
南万騎が原
緑園都市
弥生台
いずみ野
いずみ中央
ゆめが丘
湘南台
東京都
神奈川県
千葉県
東京湾
相模湾
三浦半島
東海道新幹線
東海道線
横浜線
相模線
小田急江ノ島線
小田急小田原線
東急田園都市線
東急東横線
京急本線
横浜市営地下鉄ブルーライン
京王線
京王井の頭線
南武線
武蔵野線(貨)
横須賀線
京急久里浜線
江ノ島電鉄
湘南モノレール
金沢シーサイドライン
町田
長津田
中山
新横浜
あざみ野
中央林間
厚木
藤沢
大船
戸塚
東戸塚
上大岡
杉田
新杉田
金沢八景
鎌倉
逗子
新逗子
横須賀
堀ノ内
浦賀
久里浜
京急久里浜
三崎口
茅ケ崎
平塚
橋本
川崎
京急川崎
八丁畷
蒲田
京急蒲田
品川
武蔵小杉
武蔵溝ノ口
羽田空港国際線ターミナル
羽田空港国内線ターミナル
江の島
大楠山 241
武山 200
駅　複々線　複線　単線　トンネル
軌間1067㎜
駅　複線　単線　トンネル　JR線
私鉄路線
その他軌道
新幹線
高速・有料道路
国道
N
0
10km

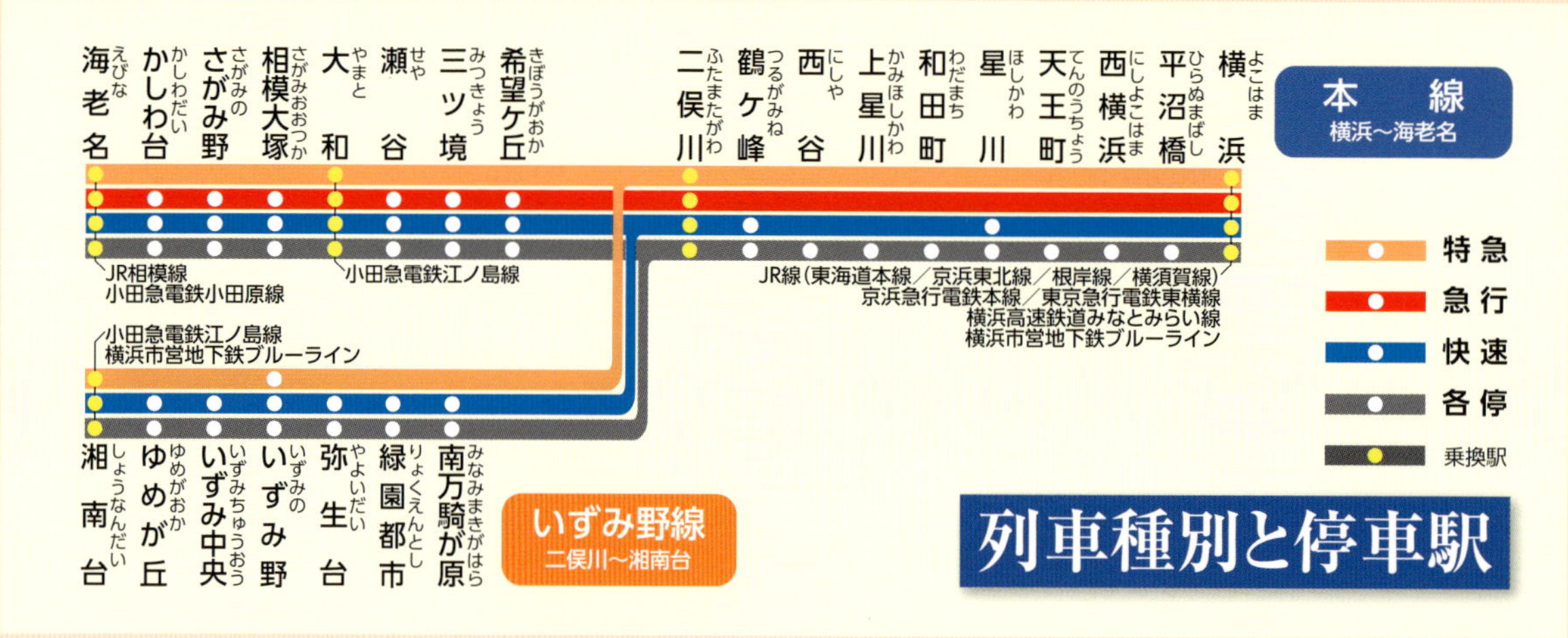

列車種別と停車駅

▲二俣川駅付近を走る。

神奈川県央を走る地元密着型大手民鉄

東京に次ぐ日本第2位の人口を有する横浜市。その表玄関ともいうべき横浜駅西口にターミナルを置き、神奈川県央に位置する諸都市を結ぶ相模鉄道は相鉄《そうてつ》線とよばれ、広く沿線住民から親しまれている地元色の濃い大手民鉄である。

同社の路線はすべて神奈川県内にあり、大手民鉄の中で、こうした例は大変めずらしく、他に西日本鉄道があるのみとなっている。

西日本鉄道の路線もすべて福岡県内を走る。他県を跨ぐ例が大半の大手民鉄の路線であり、相鉄や西鉄のような例は他にない。

地元密着型の大手民鉄といえよう。相鉄の路線は横浜～海老名間、24・6キロを結ぶ「相鉄本線」と二俣川～湘南台間、11・3キロを結ぶ「いずみ野線」が旅客営業路線であり、その合計キロ数は35・9キロだが、ほかに非旅客営業路線として相模国分～厚木間、2・2キロの「厚木線」があるので、保有路線長は合計38・1キロである。この数字は大手民鉄の中で最短だが、相鉄線の輸送密度は高く効率のよい路

▶今年のいずみ野線開業40周年記念ロゴのヘッドマークを掲げて運行。

▲帷子川に沿って走る。

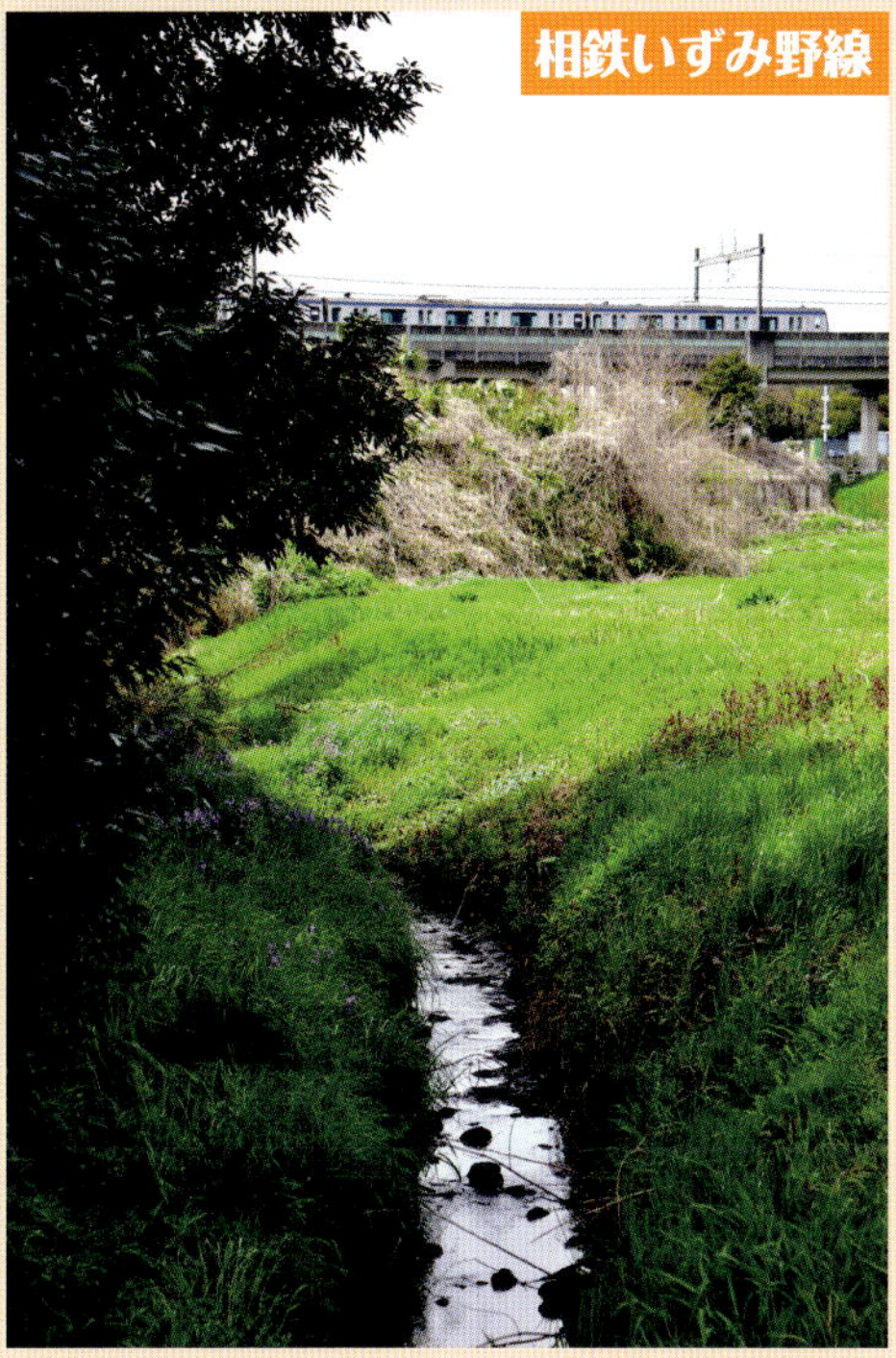

▶自然豊かな風景が広がるいずみ野線。

線で占められている。

典型的な大都市立地型の通勤通学路線であると同時に、京浜地域と神奈川県央の内陸地域をショートカットする路線でもある。

その沿線は大半が住宅地である点もまた相鉄の特徴といえよう。

神奈川の相鉄から首都圏の相鉄へ

いわゆる首都圏南部に広がる郊外住宅地であり、東京城西南郊の外縁部を形成している。相鉄ではJR東日本および東急への乗り入れをめざして、東京都心部との直結を実現させるが、これが実現すると相鉄沿線は東京城西南郊と完全に同化した地域となるだろう。横浜という中継地をスルーして東京都心部とつながるからだ。

つまり東急、小田急、京急、京王の各沿線と、ほぼ互角になる。

現状(2016年5月)では相鉄沿線は横浜での乗りかえを要する点が、対東京との旅客流動を考えるとハンデとなろう。

もっとも横浜中心部を最終目的地とする旅客需要も多いので、右記したハンデは、あくまでも対東京を考えた場合に限られるが。

相鉄沿線の地価動向が東京都心部へスルーで行ける路線と比較すると値頃感をもって推移してきたが、これがどう変化するのか、しないのか興味深いところである。

相鉄本線にくらべて、いずみ野線はいわゆるニュータウン路線であり、その性格は沿線の街なみとともに東急田園都市線と近似しており、沿線イメージもそれなりに高いのだが、やはり東京直結ではない点がマイナス要因であった事実は否定できない。

相鉄の東京都心直通化は「神奈川の相鉄」から「首都圏の相鉄」への飛躍を意味することになりそうだ。

そのこと自体はよろこばしいが、対横浜ではどうだろうか?

東京都心部への直通化の副作用として、ストロー現象による横浜、とくに横浜駅西口周辺の商業活動に影響が出ないことを望みたい。横浜自体が巨大都市であるので、そう心配する必要もないとは思うが、なんらかの影響は出るだろう。

横浜駅西口一帯は相鉄グループの金城湯池でもあるので、すでに東京都心部直通化後の動向は折り込み済みと思う。

おそらく、よい意味でシナジー効果

▲本線二俣川駅から藤沢市の湘南台駅を結ぶ。横浜市西部の丘陵地帯を走り、周辺は造成された住宅地と畑の混合した風景が広がる。

▶ターミナル駅である横浜駅と海老名駅を結ぶ。神奈川県県央エリアの住人にとって重要な足だ。

が得られると期待しているのではないだろうか。

相鉄沿線を包括的にみれば東京都心部直通化はプラスに作用することに疑う余地はない。これからの民鉄沿線は、住みたい沿線として「選んでもらえる」ことが大切である。

それには利便性というハードと、沿線イメージというソフトが、車の両輪のように対になる必要が不可欠だ。

幸いにして相鉄沿線は地勢的にイメージが高いエリアに属している。つまり東海道圏といえる地域であり、港ヨコハマと湘南の風を感じることができ、都会の洗練と自然のいぶきに満ちている地域といえよう。

こうしたソフトに加えて、東京都心部との直結というハードがさらに加わることで、多くの人々に「選ばれる路線」になる。

利便性を考えたダイヤと多彩な列車種別

短い路線ながら、特急、急行、快速、各停と列車種別が多彩で、そのダイヤも有機的に結ばれているので利用しやすいのが相鉄線の特徴である。

混雑緩和策が効果を表し、朝夕のラッシュ時にも多少ゆとりが感じられ、

▲1日平均乗降客が40万人を超える相鉄横浜駅。ここから他社に乗りかえて都内へ通勤通学している人が多い。

▶改札がズラリと並ぶ横浜駅。その数は関東屈指だという。

混雑時でも比較的快適な乗車ができる。相鉄の車両は車体の幅が広いため、車内空間も広く、こうした点も快適性に寄与しており、見逃せないことだ。

さらに編成両数も8両および10両と長編成で運行している。

二俣川を境に完全な遠近分離ダイヤが相鉄線ダイヤの伝統であるが、この遠近分離ダイヤはさらに充実し、従来の急行、各停に加えて快速と特急が加わったことで、利便性が大幅に向上した。とくに特急が登場した効果は大きい。

県央の海老名、大和および湘南台と横浜との時間距離が短縮されたからだ。特急停車駅を絞り込んだことがよかった。ダイヤ作成がよくできた路線である。

相鉄本線の歴史は曲線緩和の歴史

相鉄線は本線、いずみ野線ともに比較的カーブが多い路線だが、とくに本線における曲線区間の緩和に注力した結果、曲線部分の通過制限速度が改良された。

西横浜～天王町間など顕著である。かつては時速25キロに通過速度を制限していた区間だ。相鉄本線の歴史は曲

▲相鉄本線の終点海老名駅。小田急線への乗りかえ駅として利用者が多い。

▲相鉄いずみ野線と小田急江ノ島線の乗りかえ駅・湘南台駅。

▲相鉄本線と小田急江ノ島線の乗りかえ駅・大和駅。

線部分緩和の歴史だといってもよい。古くは希望ケ丘～三ツ境間の曲線緩和工事がある。

こうした地道な努力によって現在の路線へと改良された。

相鉄線（本線）は他社の路線と異なり、下り方（厚木方）から横浜をめざして部分開通をくりかえしつつ完成した路線である。

通常は上り方から下り方へ向けて路線を延伸させるのが定石だ。

現在の相鉄本線を敷設したのは被合併会社の神中鉄道だが、同社もまた相模川で採取した砂利の搬出輸送を目的とした鉄道であるため、採取地側から路線を建設したわけだ。

相鉄の歴史については後章で記すが、ここでは神中鉄道による路線建設史に軽く触れておく。

厚木～二俣川間が第1期区間で、1926年5月12日に開業。同年12月1日に二俣川～星川（現在の上星川）、1927年5月31日に星川～北程ケ谷（現在の星川）、1929年2月14日に北程ケ谷～西横浜、1931年10月25日に西横浜～平沼橋、1933年12月27日に平沼橋～横浜が開通したことで厚木～横浜間が全通した。

なお、相模国分～海老名間の開通は

▲丘陵地帯に広がる農地や林は戸建てとマンションに姿を変えた。

１９４１年11月25日であり、これにともない厚木〜相模国分間の旅客運輸営業が廃止となる（相模国分は現在の相模国分信号場）。

厚木〜相模国分間２・２キロは、海老名へのルート変更で貨物線となった。これが現在の厚木線である。

相鉄本線にあたる路線は砂利搬出を主目的として建設された路線であり、また開業当初は蒸気動力であったことから、極力急勾配区間が生じないよう路線設計がおこなわれている。砂利という重量物を非力な蒸気動力で輸送するためであるが、同時にまた大規模な地形変造工事による建設費の増大と、工期短縮を考えてのことと思われる。

このため路線通過ルートは谷筋に沿っており、必然的に曲線区間が多く生じる結果を生んだ。地図で確認するとよくわかるが迂回ルートとなっており、とくに西横浜〜二俣川間で顕著である。西横浜から仏向町〜市沢町〜左近山を抜けて二俣川へ至るルートが最短であるが、相鉄本線のルートは西谷を北限として右記区間を迂回している。

これは丘陵地を避けて路線を敷設した結果であろう。相模本線は瀬谷以西から比較的平坦面が多い相模原台地を走行するが、瀬谷以東で多摩丘陵を越

▲駅の高架化を
目指し工事中だ。

▲特急は日中のみの走行。

▲急行は本線のみに導入されており、
海老名と横浜を結ぶ。

えるため曲線区間が多い。

三ツ境を頂点に上り勾配が続く。同駅の標高は約76メートルあり相鉄全駅の中で最も高い位置にある。

かつてガソリン気動車で走行していた頃には、三ツ境手前の勾配を上るのに苦労したらしく、車掌に頼まれて乗客が降りて車両をみんなで押し上げたというエピソードがあるほどだ。いまでは信じられない話である。昭和もまだ10年代のことらしい。

輸送需要に応じた設備投資

相鉄本線の全線電化が完成したのはおそく、１９４４年９月20日のことであった。

ただし二俣川を境に電圧が相違しており、電圧が統一されて横浜〜海老名間に直通する電車が走るのは１９４６年12月26日のことである。全線直流１５００ボルトに統一された。なお、二俣川変電所が完成し電力自給体制を確立したのは１９４９年４月２日である。最初の電化区間は１９４２年６月１日に横浜〜西谷間の電化であり、１９４３年８月１日に西谷〜二俣川間の電化をおこなった。

この電化では東京急行電鉄・高島変

▲丘陵地帯を走る相模鉄道はカーブが多く、これに悩まされた時代もあった。

◀かしわ台～海老名付近。

電所より直流６００ボルトを受電している。

また同年12月23日に海老名～相模大塚間が電化され、こちらの給電元は東京急行電鉄・新宿営業局（現在の小田急電鉄）であるため直流１５００ボルトであった。

二俣川以西が直流１５００ボルトで電化されたため、二俣川以東と電圧が異なるという珍現象が生まれたのである。

電化以前の同線はＳＬけん引客車や内燃機関動力車で運行していたので、パワー不足であったようだ。

１９３９年頃は三ツ境～横浜間の所要時間が１時間半以上要したという。単線区間だったので上下列車の交換待ち合わせが何回もあり、そのたびに１回の交換に15分以上停車したとのことである。

まったくのローカル鉄道であったことがわかる。相鉄本線の複線化は、やや変則的に実施されており、１９５１年11月18日に西横浜～上星川、翌年５月27日に上星川～西谷、同年９月25日に西谷～鶴ケ峰、同年12月15日に鶴ケ峰～希望ケ丘、１９５７年１月18日に横浜～西横浜、１９５８年11月１日に希望ケ丘～三ツ境、１９６０年11月１

厚木線

◀相模国分信号場と厚木を結ぶ。旅客営業はしていない。

▼海老名駅はかつて相鉄の路線であったJR相模線への乗りかえ駅である。

相模線への乗り換え駅

日に三ツ境～大和、1964年11月5日に大和～相模大塚、1966年4月1日に相模大塚～大塚本町、翌年4月10日に大塚本町～電車基地、1973年9月28日に電車基地～相模国分、そして1974年3月28日に相模国分～海老名が複線化されたことで横浜～海老名間の複線化が完成した。

かなり小きざみに複線化をおこなっていることがわかる。1951年から1974年まで実に23年間を要した複線化であった。

輸送需要に合わせて実施したようで、先行投資を抑制したのだろう。

いずみ野線はニュータウンの動脈として位置付けられており、部分開業をくりかえしての全通であったが、先行投資を実施したことがわかる路線だ。当初から高規格路線として建設されている。

相鉄本線にみられる電化、複線化はまさに同線の発展と軌を同じくしているといえよう。それはまた戦後の復興そして経済成長を表していると思える。

相鉄の近現代史は、まさに戦後史そのものであり、経済発展をダイナミックに反映した路線である。

神奈川県央地域の都市化に貢献した民鉄であると同時に、横浜駅西口の繁栄を築いた民鉄といっても過言ではない。

沿線定着率が高いショートカット路線

路線長に比較して、その存在の大きさは東京急行電鉄に近似している。

都市創造型の民鉄であるからだ。

その性格を決定づけたのは、いずみ野線の開業を軸とした沿線開発だが、その開発史は横浜駅西口開発の昔に遡ることができる。

この件については後章で触れよう。

高島屋を横浜に誘致し、大規模地下街を建設したことが、横浜駅西口発展の起爆剤になったことは確かだ。

ところで首都圏を走る大手民鉄の路線は、東京中心部から郊外へ向かって放射状に広がっており、それら各線を神奈川県内でショートカットしているのが相鉄線である。

小田急小田原線と海老名で、同江ノ島線と大和と湘南台で、東急東横線、京急本線と横浜で結節している。各線間を有機的に結ぶ路線として相鉄線は大変便利な路線である。

それだけに旅客の流れ方も複雑であり、横浜への集中度は高いが、逆方向の流れも少なくない。とくに小田急線

相鉄・JR直通線事業

▲相鉄西谷駅付近ではJR直通線のための工事がおこなわれている。この線路がつながるのももうすぐだ。

立体交差事業

◀天王町から星川間は踏切をなくすための高架工事がおこなわれている。


との間で密である。

　このような性格を有する路線、つまり各線間をショートカットする路線は多くない。

　あえて例をあげれば東武野田線（東武アーバンパークライン）と多摩都市モノレールが思いあたるが、その性格は相鉄線とは似て非なるものである。なぜなら前記２路線は、その沿線定住人口が相鉄線ほど密ではないからだ。各線間の連絡路線に半ば特化している。

　これらにくらべると相鉄線の特徴は自社沿線定住人口が密であり、さらに加えて各線間を結ぶ連絡路線としての機能を合わせ持っている点で異なっている。

　非常に効率がよい路線であることがわかる。この点においては京王井の頭線にやや近い機能があるといえるのではないだろうか。

　ショートカット路線として共通性がある。意外に見おとされる相鉄線の特徴のように思える。

大手民鉄への昇格と期待される今後の発展

　一片のローカル鉄道に過ぎなかった路線が大手私鉄へ昇格した例は相鉄をおいて他にない。１９９０年５月31日

二俣川駅前の再開発

▲二俣川駅前で行われている再開発。利便性を求めて街が新しくなっていく。

相鉄ライフいずみ野店

▶いずみ野線沿線駅前地区リノベーション計画の第1期としてオープンした相鉄ライフいずみ野店。

に相鉄は社団法人日本民営鉄道協会の理事会で、中小民鉄から大手民鉄へ格上げされた。

この年の4月4日に、いずみ野線がいずみ中央まで延伸している。

今後の発展材料は、やはり東京都心部との直通運行の開始や沿線の再開発であろう。

いずみ野線沿線駅前街区リノベーション計画、ゆめが丘地区再開発計画、二俣川駅南口再開発計画などの街づくりに期待したい。

また、星川・天王町間の整備計画が進行中だ。これは星川〜天王町間連続立体交差事業であり、2018年度の完成を予定している。横浜市の都市計画事業として2002年度から事業が開始された。

さらなる利便性の向上をめざして改良工事がおこなわれている。相鉄の路線は、いまもっとも注目を集めているといえよう。将来がたのしみな路線である。

相鉄沿線の四季

季節ごとの香りの変化、四季の移ろいを間近にかんじることができる相鉄沿線は、ゆたかな自然が残る大都会のオアシス。

沿線風景をたのしめる路線である。

かげろう立つ陽春、桜の薄紅色や菜の花の黄色が沿線を飾る頃、車内は新入生やフレッシュマンたちの息吹が若々しい。

不安と期待が交鎖する青春の輝きに満ちた時がさわやかに流れる。

甘酸っぱい花の香りが、やさしく通りすぎてゆく。

夏雲の下、まばゆい陽射しにディスクブレーキが輝く頃、山百合の青っぽい芳香が車内を流れ、一時の清涼剤となったあの頃の鶴ヶ峰付近。夏休みを迎えた子供たちの元気な声が車内にこだまする。

ひんやりとした秋風に黄葉が映える谷あいの鉄路。吹く風も秋の香りがして、もの思いにふける昼下がりの車内。心によみがえるのはリュクサンブールの森のポエジー。

そして、真白い富士山と雄大な丹沢山系が美しい冬。沿線に残る針葉樹林の雪化粧に、遠いシベリアのタイガが重なる。

クリスマス・イルミネーションが澄んだ夜空に美しい緑園都市駅。仰ぎ見れば北の空に悠久のオリオンが輝く。

季節はめぐり、そう弥生３月を迎え、また新たな１年が相鉄沿線に訪れる。

9000系リニューアル車登場

新・相鉄カラーは沿線住人の支持を得られるか

相鉄では東京都心部への乗り入れに備えて「相鉄ブランド」の向上と定着をめざして、車両や駅などのデザイン性向上に着手しており、9000系車両のリニューアルを実施。

今までにないシックでゴージャスな車両を登場させた。

外観はネイビーブルーに塗装しており、車内はグレイで統一するなど、ブリティッシュ・スタイルの上品なカラーリングでまとめている。深みのある落ち着いた車体色に仕上げた点を評価したい。

車内も調光機能を備えた照明を用いて変化を持たせるとともに、クロスシートには本革張りの座席を採用するなど、従来の通勤型車両にない高級感を備えた点が特徴となっている。吊り手の形状改良もおこなっており、新しい感覚で接客サービスの向上を実施。

車両を「商品」ととらえて、乗車意欲をかきたてている。

乗客から「選ばれる」鉄道として沿線ブランド力のさらなる向上をめざし、鉄道車両、施設のグレードアップに熱心さを感じる。

大手民鉄各社の輸送需要は人口減少にリンクして伸び悩んでおり、各社とも自社沿線人口の確保に工夫を凝らす時代を迎えた。

▲「YOKOHAMA NAVY BLUE」と名付けた新色が塗装された車両

量の時代から質の時代へのパラダイムシフトであり、そうした時代の変化を受けてのリニューアルであろう。

相鉄は旧5000形で採用をはじめた多色塗り、いわゆる相鉄カラーが定着していたが、その後の塗色変更が多々見られた民鉄である。現在のライトグレイ地にブルーとオレンジの帯を入れた新・相鉄カラーになって日が浅いが、再度の塗色変更である。

「YOKOHAMA NAVY BLUE」と名付けた新色は個性が強い色であり、賛否が分かれる色だ。

落ち着いて上品な色と思う人がいると同時に暗いと感じる人も少なくないのではなかろうか。難しい色であることは確かだ。

その強い個性ゆえにうまく定着すると阪急マルーンのような存在に昇華する可能性もある。

内装に用いたグレイと外装のネイビーブルーは色として調和性が高く高級感があるのだが、メンテナンスを充分におこなわないと、その美を保てない難しさがあることも確かであり、阪急のような入念な手入れが必要になる。無難な色に逃げず、あえて個性的な色を採用した英断を評価したい。

この新色が乗客に受け入れられるのか否かは未知数だが、おそらく意見が二分するのではないか。

南海50000系ラピートも濃いブルー1色で登場したが、特急専用車であり汎用車とは事情を異にする。

通勤型車両に用いるには大胆な色であり、実験的な要素が強い。

このネイビーブルーが相鉄の新しいCIカラーになるのだろうか。だとすれば路線バスの塗色はどうなるのか興味深い。

色彩は感覚的要素が強いので客観的な判断が難しいだけに厄介でもある。

沿線利用客の意見をアンケートすることも大切に思う。

乗客の多くに支持されてこそ、相鉄ブランドが成長するのだから、これは必要なことである。

民鉄は沿線利用客の最大公約数の意見が反映された存在でなくてはならないからだ。

相鉄彩景

Spring 春

弥生台駅

相鉄の沿線風景

▲いずみ野線いずみ野駅〜いずみ中央駅。新興住宅街と里山が混在する街を走りぬける相模鉄道。

ガスタンクが迫るインパクトある車窓

横浜駅西口に位置し、巨大な売場面積を誇る新相鉄ビル（相鉄ジョイナス）の2階に相鉄線横浜駅はある。

ホームは1番ホームから3番ホーム。4面3線の頭端《とうたん》式ターミナル駅で、空調設備や防護柵を有するなど、大手民鉄のターミナル駅にふさわしいものであり、機能的にもよくできた駅だ。

このターミナル部分が完成したのは昭和46年8月1日であり、商業スペースに先がけて供用を開始した。

同駅を発車した下り列車は、この先西横浜までの1・8キロの間、JR東日本・東海道線と並行して西南方向に走る。

車窓右手に流れる運河は帷子《かたびら》川。次駅、平沼橋を過ぎると同じく車窓右手に東京ガスの球状タンクがよくみえ、この車窓風景は今も昔も変わらない。

子供の頃、ここを通るのがこわかった。こんな巨大なガスタンクが爆発したらと、あらぬ心配をしたからだ。いかにも子供が考えそうなことであり、いま思い出すと笑ってしまう。

平沼という地名は、この一帯を埋め

横浜駅ホーム

▲地上2階にある4面3線の頭端式ホーム。ラッシュ時は通勤通学者で混雑する。

西横浜駅付近

▲大きなカーブをまがり神奈川県央へと向かう。

横浜

▶相鉄横浜駅を出発し、帷子川沿いを走る。

立てた平沼久兵衛に由来するらしいが、平沼専蔵と関係があるのか否か興味深い。

平沼専蔵は横浜財界に属する資本家であり、武蔵野鉄道（現在の西武鉄道）の筆頭発起人であった人物で、常磐鉄道、青梅鉄道、京都鉄道、関西鉄道などにも関与している。

横浜〜平沼橋、平沼橋〜西横浜はともに駅間距離が0・8キロで同じである。

西横浜には電留線があるなど、その構内も広いが、かつて西横浜で国鉄（JR）との貨物列車の受け渡しをおこなっていたことがある。いまは無いが保土ケ谷〜西横浜間に社国連絡路線が伸びていた。

工業地帯として栄えた街

西横浜を発車した下り列車は進路を西へ向ける。この先、和田町にかけて内陸型の工場が集積していたが、再開発にともない移転しており、今ではマンションやビジネスセンターに姿を変えている。

内陸型の工場とは造船や鉄鋼などの工場とは違って、港を必要としない工場の総称である。西横浜から和田町に

平沼のガスタンク

▲横浜の顔の1つとなっている東京ガスのガスタンク。
正式名称をガスホルダーといい、全部で4基ある。

かけた一帯には、かつて東洋電機製造、日本硝子、古河電工、保土谷化学工業、富士瓦斯《ガス》紡績、大日本麦酒などの工場が建ちならんでいた。

こうした工場勤務者が多く居住していた一帯であり、商店街も買物客で賑わっていたのである。いまも天王町を最寄り駅とする洪福寺松原商店街は「ハマのアメ横」といわれて、その盛況ぶりはテレビでもよく紹介されている。その天王町という地名の由来を記すと牛頭《ごず》天王社にあり、現在の橘樹《たちばな》神社がこれにあたる。帷子川を渡った駅の北側にある神社がそれである。1186年に京都の八坂神社から勧請したとされる。

八坂神社は明治の神仏分離までは天台宗に属する感神院と称する寺院であり、牛頭天王を祀っていた。この牛頭大王は天竺《てんじく》マガダ国の大王が人間世界に下ったものとされ、恐ろしい疫病神であり、これが古代神話の荒ぶる神スサノオと習合したとされる。

天王町という地名、駅名にはこうした深い歴史が隠されている。

次駅、星川駅北口には保土ケ谷区総合庁舎、警察署、消防署などがあり行政の中心地となっているが、この川辺町一帯には、かつて富士瓦斯紡績の広

洪福寺松原商店街
▲ハマのアメ横とよばれ、とくに年末年始の賑わいは横浜の季節の風物詩としてメディアに登場する。

橘樹神社
▶1186年創建で、京都祇園社(現在の八坂神社)の分霊を勧請奉祀したと伝えられる。

洪福寺
▲草創は鎌倉末期、700年の歴史をもつ古刹。

大な工場が建っていた場所である。この工場は昭和20年4月15日の空襲で焼失してしまった。

富士瓦斯紡績は箱根の酒匂《さかわ》川水系に自社の水力発電所を有しており、横浜電気と提携して電力事業もおこなっていたが、この電力を受電できたことで、保土谷化学工場、日本硝子などの工場が進出した。

一種のコンビナートと考えられる工場群が星川一帯にあったといえよう。日本硝子は1985年までボトルメーカーとして操業を続けていたが、用地を野村不動産へ売却、その跡地は横浜ビジネスパークになっている。

星川周辺は工場街の面影が消えた街であり、時代の変化を肌で感じることができる。

農村から横浜のヒルサイド・テラスへ

相鉄本線沿線に見る工場街の風景は星川、和田町の各駅あたりまでであり、上星川から先は農村地帯の風景が続いていた。

この農村風景が急速に変化するのが昭和30年代後半から同40年代である。宅地化の波が本格的に押し寄せたからだ。

横浜ビジネスパーク

▲かつて工場だった場所に建つ。オフィスビル群にレストラン、スポーツセンター、公園を備えている。

専門学校

◀立地のよさから学校も進出する。

相鉄沿線は京浜工業地帯のヒンターランド(後背地)でもあることから、戦後になると多くの生産労働人口が定住するようになり、相鉄自身も横浜市や神奈川県と協力して沿線に公営住宅の誘致をおこなっている。

星川、和田町、上星川と進んだ下り列車は上星川を発車すると八王子街道にそう長い直線区間に入り、西谷の手前あたりから左カーブとなるが、この付近から丘陵地帯へ分け入る感じだ。横浜のヒルサイド・テラスといった風景へと変化する。丘の斜面にヒナ段型の住宅地が目に入る。西谷~鶴ケ峰間のS字カーブが印象に残るが、標高が増す実感を味わえる。

鶴ケ峰は旧鎌倉街道沿いに、畠山重忠の霊堂や曹洞宗の古刹、東降山薬王寺があることで知られ、八王子街道と厚木街道の分岐点でもある。

次の二俣川までの駅間距離は2・0キロと長く、この駅間距離は相鉄本線では、かしわ台~海老名間の2・8キロに次ぐ距離である。二俣川へ向かって長い上り緩勾配が続く。途中に高梨乳業の工場が進行方向左手に見えるが、この工場にあるローズガーデンは車窓からもたのしめる。

二俣川は相鉄本線と、いずみ野線と

星川のマンション群

▲帷子川沿いの工場跡地はマンションが建てられ、その景色は様変わりした。

保土ケ谷区総合庁舎

▲駅の北側にあった富士瓦斯紡績の工場跡地は保土ケ谷区総合庁舎や警察、消防署が移転し官公庁街となっている。

沿線で稼働する工場

◀周辺にはマンションが建ち公園で遊ぶ子どもたちを見かける。後ろに見えるのは戦後間もないころからある横浜コンクリートの工場。

の分岐駅。神奈川県自動車運転免許試験場への最寄り駅のため、同県民にはよく知られた駅名である。同駅南方には万騎ケ原大池を有する、こども自然公園があり、桜の名所となっている。左近山団地もこの近くにある。

二俣川で、いずみ野線を分岐した相鉄本線は次駅、希望ケ丘へ向かう。同駅の開業は戦後の1948年5月26日であり、相鉄本線の駅名の中で、もっとも都会的でアカ抜けた駅名であり、後年になって、さがみ野、かしわ台が登場するまで、とくにスマートさで群を抜いていた。この希望ケ丘では相模野興業(当時)が希望ケ丘住宅地の分譲を実施した歴史がある。1948年5月に分譲を開始したというから、かなり古い話だ。

相模野興業は1950年4月1日に相模鉄道が吸収合併している。

希望ケ丘は三ツ境と同じく坂が多い町であり、相鉄沿線住宅地に共通するキーワード「ヒルサイド・テラス」の代表格といえよう。

相鉄本線沿線の中では、高級住宅地のイメージがある街だ。

ちなみに記すと、この希望が丘という名称は駅名のみならず行政上の地名でもあり、東希望が丘、中希望が丘、

タカナシ乳業横浜工場

▲鶴ケ峰～二俣川間に1959年から稼働するタカナシ乳業の工場がある。現在も沿線に残る数少ない工場だ。

さかさ矢竹

▲重忠が「わが心正かれば、この矢に枝葉を生じ繁茂せよ」と地面に突き刺した二本の矢から根が付き茂り続けたといわれるさかさ矢竹。

薬王寺

◀鎌倉時代の武将・畠山重忠の終焉の地として、ゆかりの史跡が点在する。薬王寺もその1つで、毎年、命日の6月22日には慰霊祭が催される。

南希望が丘など広範囲におよんでいる。

駅前には「希望ケ丘コーポラス」というマンション群が建ちならび、人気のエリアだ。

この希望ケ丘まで来ると富士山や丹沢の山々が美しく眺められ、とくに秋から冬にかけての夕陽の風景は絶景といえよう。

相鉄の中心駅・MITSUKYO

次駅である三ツ境へ向かい下り列車は上り勾配をカケ上がり、相鉄本線のサミット三ツ境駅へすべり込む。この区間は曲線改良工事がおこなわれたところである。相鉄本線と並行する厚木街道も道路の付けかえ工事をした歴史があり、旧厚木街道は現在のルートよりかなり北側を走っていた。現在その旧道は東希望が丘と笹野台との町境になっている。

三ツ境という駅名は難読駅名でもあり、これをMITSUKYOではなく、MITSUZAKAIと誤読する人が少なくない。

事実私も横浜駅のホームで何度か「急行はMITSUZAKAIに停車しますか?」と聞かれた経験がある。確かに字面どおりに素直に読めば、む

笹野台

▲畑と林が広がる一面の丘陵地帯に昭和30年代に宅地造成がなされ、駅から近いことで急激に人口が増えていった。

希望が丘

▶相鉄沿線ではかなり早い時期から宅地開発がおこなわれた。希望ケ丘という名前は一般公募で決められ、住所名は駅名に由来する。

しろMITSUZAKAIと読むほうが自然だ。聞かれたときに一瞬?と思ったが、すぐにわかった。そのときは「停車しますよ」とだけ答えたが、訂正するべきだったと。

三ツ境とは珍しい地名なので調べてみると、その昔の村境に由来しているとわかった。

都筑郡二俣川村、都岡《つおか》村と鎌倉郡中川村の境界に位置するので三ツ境とよばれたとのことである。

現在でも同駅北口付近は瀬谷区と旭区との境界が走っている。瀬谷区は戸塚区から、旭区は保土ケ谷区から分区して誕生した区で、1969年10月1日に分区している。

三ツ境は瀬谷区の行政の中心地となっており、区役所、警察署、消防署が集まっている。駅北口には楽老ハイツなどの団地群があり、比較的古くから人口が定着した街である。昭和37年に、相鉄興業(現在の相鉄ローゼン)が相鉄ストアを開業した。

当時から三ツ境は、このあたり一帯の中心地であり、多くのバス路線が集中していた。

現在でも三ツ境駅の1日平均乗降客数は、乗りかえ駅を除くと1位であり、全体では横浜、海老名、大和、二俣川

▲瀬谷区役所や消防署が入る三ツ境総合庁舎。

▲1957年に建設された市営楽老アパートはコンクリート造り二階建ての集合住宅だった。

◀難読駅名の1つ、三ツ境。

に次ぐ5位となっている。

同駅の北口には相鉄が路線バスの発着場として広い敷地を保有していたことから、その土地の有効活用と再開発を実施して、1986年10月30日に三ツ境ショッピングプラザ「相鉄ライフ」を開業した。その前年にあたる1985年7月3日に三ツ境相鉄ビルB棟（コミュニティビル）が完成している。

三ツ境駅北口は相鉄本線の中でも大きく発展を遂げている。

三ツ境を発車した下り列車は下り勾配へ転じて次駅の瀬谷へ向かう。

再開発が顕著な瀬谷駅北口

ここから終点の海老名へ向けて標高が下がっていくことが見て取れる。つまり三ツ境が分水嶺となっている。

瀬谷駅は三ツ境駅と同様に北口の発展が顕著だが本来の表口は南口であり、北口は無かったのである。北口にあたる土地は一面の草はらで、東海道新幹線建設の頃は、その砂利置場となっていたと聞いた憶えがある。

路線バスもすべて南口から発着していた。瀬谷駅北口が開設されたのは1969年11月17日である。しかし長い間北口は裏口にすぎなかった。北口が

三ツ境LIFE

▲三ツ境駅の駅ビルで、駅ビルのA棟とB棟の2つからなる。レストランやファッション、雑貨などの専門店が入る。相鉄ローゼンも入店している。

野境道路

▲武相国境とも言われ、相模の国と武蔵の国との境を通る。桜の名所としても有名。

相鉄ビルB棟

▲カルチャーセンターやフィットネス、病院、塾などが入る

大きく様変わりしたのは1998年以降であり、この年の12月2日に相鉄瀬谷駐車場ビル、瀬谷駅北口共同ビルが完成した。北口の発展に押されて従来の表口であった南口は裏口へ転落してしまい、賑やかだった商店街は年追うごとに元気がなくなり、シャッター通りと化して久しい。

もともと南口は駅前広場が無く用地も狭小であるうえ、再開発の手を入れにくい地域であることが原因している。相鉄では南口に1971年12月9日に、相鉄瀬谷ビルを完成させ、相鉄ストア(現在の相鉄ローゼン)や、コーヒーショップなどを設けたが、後に閉店している。これは瀬谷駅下りホームに副本線を設けるため、その用地を確保するためであった。同駅には昔から上りホームのみに副本線があるが、下りホームにはなかったのである。将来のダイヤ改正に備えての改良工事だ。

この瀬谷は「瀬谷八福神めぐり」が知られており、とくにお正月には多くの人たちが訪れる。

相鉄では瀬谷八福神めぐり往復割引乗車券を発売する。

瀬谷八福神とは次のとおりだ。

ダルマ大師(長天寺)、大黒尊天(妙光寺)、恵比寿神(善昌寺)、毘沙門天(徳

瀬谷駅

▶横浜の西の玄関口である瀬谷駅。南口の開発がおくれていたが、現在「瀬谷駅南口第1地区第一種市街地再開発事業」が進行中だ。

瀬谷八福神一番長天寺

◀室町時代の1394年に創建。ダルマ大師の御神体が祀られたお堂やダルマ大師の石仏、江戸時代に建てられた養蚕神を祀る祠がある。

瀬谷八福神四番徳善寺

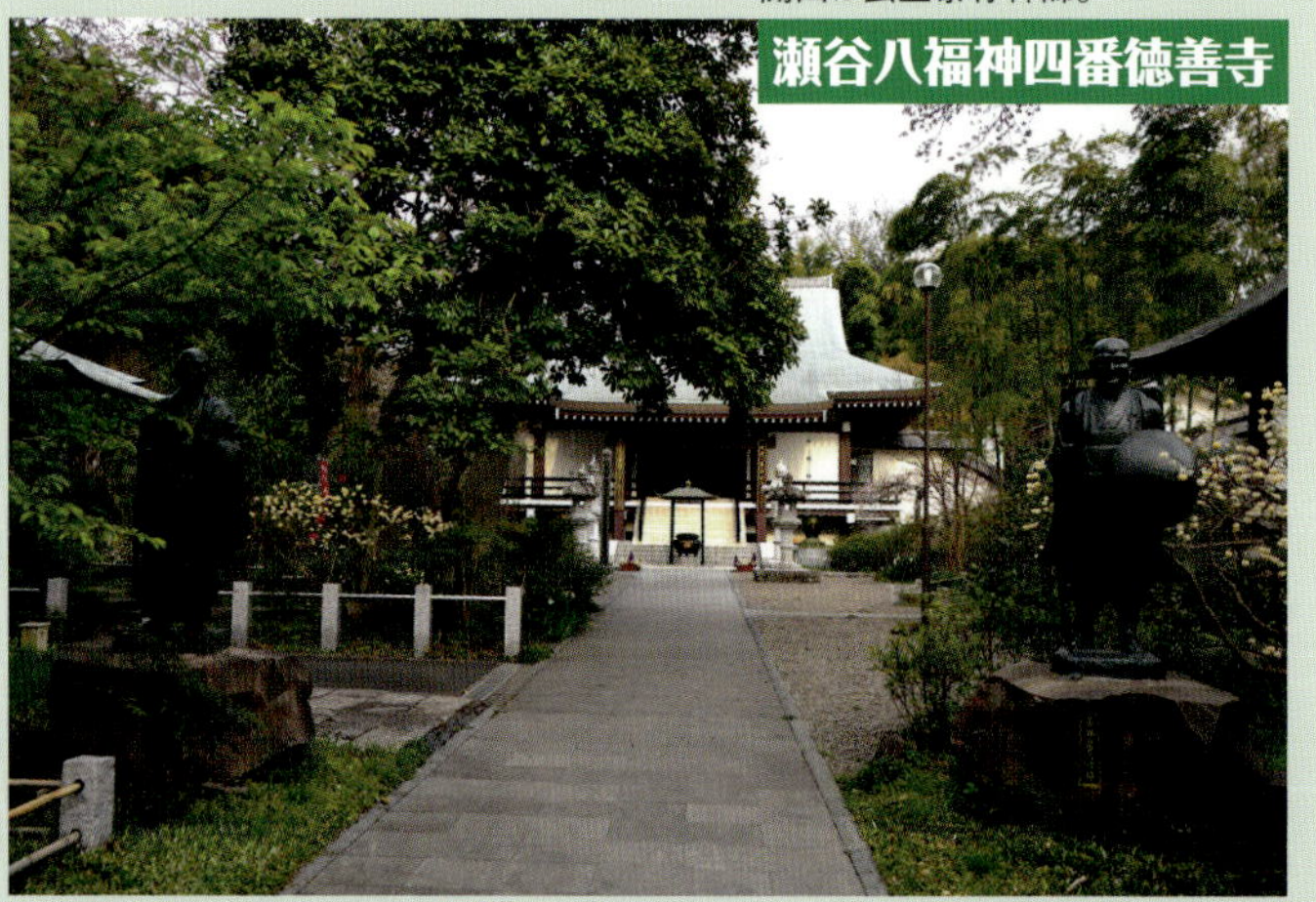

▼室町時代末の1555年に創建、開山は玄室泰存禅師。

善寺）、弁財天（寶蔵寺）、布袋尊（西福寺）、福禄寿（宗川寺）、寿老人（全通院勢至堂）である。この中で前4者が瀬谷駅北側に、後4者が瀬谷駅南側に位置する。

　すべて歩くと全長12・6キロにおよぶので相当ハードだ。

瀬谷地区の養蚕業と相鉄誕生の関係

瀬谷地域は横浜市の最西端にあたり、同市に併合される以前は鎌倉郡に属していた。

　養蚕で栄えた地域として知られ、明治・大正期には当時の瀬谷村だけ見ても9社におよぶ製糸場が操業していた記録が残っている。

　養蚕、製糸業を背景として明治40年5月に、瀬谷村中屋敷（現在の瀬谷区中屋敷）に資本金50万円で瀬谷銀行が創業。頭取の小島政五郎は神中軌道（神中鉄道→相模鉄道）の初代社長を務めた人物である。

　神中軌道は1917年12月2日に創立総会を開催、同年同月15日に資本金30万円で設立登記をおこない、1919年6月10日に商号を神中鉄道へ改称。同社は1943年4月1日に相模鉄道に吸収合併された。

海軍道路

▲3キロにおよぶ直線道路で、400本あまりの吉野桜の並木道となっている。

現在の相鉄本線を敷設したのは、この神中鉄道であり、瀬谷はある意味において神中鉄道発祥の地といえなくもない。

銀行や鉄道を起業する資力の源泉が生糸貿易にあり、それを支えた養蚕、製糸業にあったことが読み取れる。

昭和40年代中頃まで瀬谷周辺には養蚕業の名残の桑畑が点在していたが、いまは都市化が進み消滅している。

瀬谷駅周辺の見どころは桜で有名な海軍道路がある。全長約3キロの直線道路であり、戦後は米軍が使用していた道路である。

相模国を走る相模鉄道

瀬谷を発車直後に渡る小さな川が境川。その昔はこの川を境として、武蔵国と相模国を分けていた。現在は横浜市と大和市の市境になっている。この境川は下流の藤沢で柏尾川と合流し、片瀬川となって江ノ島近くの相模湾に流入する。

下り列車は境川を渡り大和へ。ここから正真正銘の相模国を走る相模鉄道となる。

瀬谷〜横浜間は武蔵国だ。

大和では小田急江ノ島線と連絡して

▲絹織物は重要な輸出品で、ここで作られた織物を港までの運搬に使ったことから絹の道ともいわれた。

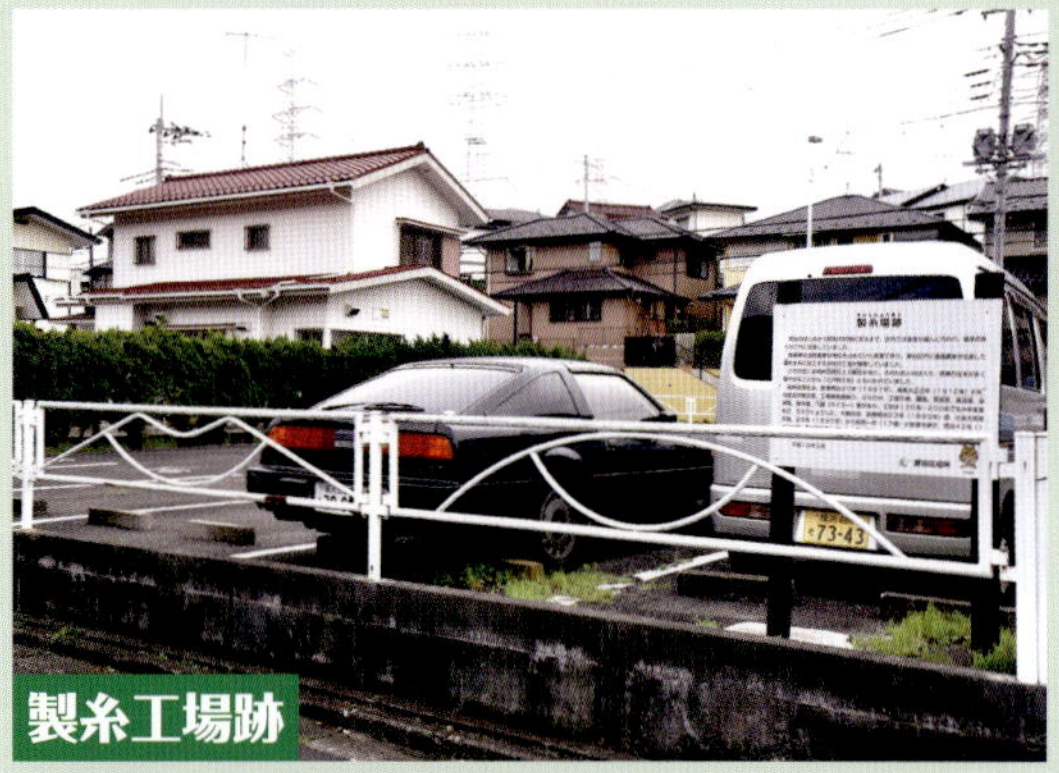

▲長屋門公園前にある工場跡地。この周辺に製糸業は増減を繰り返しながらも、昭和初期まで盛んに行われていた。

▲明治時代に建てられた長屋門で、かつて養蚕が行われていた。

おり、多くの乗りかえ客がいる。地下駅となったのは1993年8月1日であり、新駅舎の完成は翌年の10月2日。1996年4月26日に大和駅共同ビル(プロス)が完成した。

相鉄本線が地下化されたので、大和駅前は踏切待ちの渋滞がなくなるとともに駅前広場が整備された。

大和駅周辺には相高ストア(後の相鉄ローゼン)、東急ストア、イトーヨーカ堂、忠実屋(後のダイエー)と多くのスーパーマーケットが林立していたが、それぞれ移転もしくは閉店してしまい、今ではプロスの地下にオダキューOX、大和スカイビルの地下に富士スーパーの2軒が営業している。ともに食品スーパーの規模にとどまっており、駅周辺から大型スーパーが撤退してしまった。

相鉄ローゼンは大和駅から南東方向に約500メートル離れた国道467号沿いに大型店を出店している。

大和の歴史は1891年の大和村に遡り、大和町を経て1959年に市制を施行した。

元来の中心部は現在地ではなく、小田急江ノ島線鶴間駅付近にあったらしい。いまも市役所、市立病院などは鶴間駅周辺に建っている。古くは大山街

▲二ツ橋地区は瀬谷の中でも最も養蚕が盛んだったところ。養蚕発展を祈願して大正時代に灯篭が奉納されている。

▲1907年に県央糸業金融（蚕の銀行）として開業。1935年10月鎌倉銀行に合併されるまで、地域の発展に寄与した。

道沿いに集落が形成されていたようだ。大和市は南北に長いのがその特徴である。

外国との距離が近い街・大和

大和の由来は「大いなる和」にあるそうで、ならばむしろDAIWAと読むべきと思うがYAMATOという語感のほうがキレイなのでそうしたのだろう。古代大和国を連想させる名称でもある。

ただしアメリカ人には発音しにくい音であり、米兵の多くがMARROWと発音するのを、よく耳にした。この大和市には米海軍の厚木基地がある。1970年代はじめの頃まで大和では多くの米軍関係者を目にしたが、タクシーも「BASE」という札をフロントガラスに出した事があり、BASE（基地）専用だったのだろうか？

大和は大都市ではないが、その頃には街中のドラッグストアでも「レブロン」の化粧品を揃えており、レブロンユーザーの私にはとても便利であった。やはりアメリカ人客が多かったから、そうした商品をラインナップしていた。

いまの大和に当時の空気感はほとんど残っていない。当時つまり1970年代はじめごろまで大和は結構インターナショナルな街だった。横須賀というより横田に近い。

相鉄の車内でも日常的に米軍関係者の姿を目にしたのである。

米軍厚木基地への最寄り駅は、大和のひとつ先、相模大塚だ。今ではすっかり様変わりしてしまったが、かつては同駅周辺の道路の両サイドには数多くの米兵相手のバーが軒を連ね、夜になると、さながらラスベガスかと見まごうように派手でカラフルなアルファベットのサインボードがトンネルのように続いていたことを思い出す。まだベトナム戦争の余韻とでもいおうか、そうした光景が日常だったのである。

余談ながら記すと、アメリカ留学中に西海岸のとある街で入ったコーヒーハウスで、チリビーンズを食べていると「Whichnese are you?」と30ぐらいの男が私に話しかけてきたことがあった。

Whichneseとはアメリカ人のスラングで、「あなたはチャイニーズ、それともジャパニーズ？」という意味である。

なぜか私は決まってチャイニーズに見られるが、ジャパニーズだと答えると、その男はいろいろと話を続け、な

大和駅

▲小田急線との乗換駅となっている。かつて地上駅だったが、1993年に地下化され駅前広場が整備された。

さがみ野駅

▲海老名市にある駅。座間市にあるさがみ野という地名の由来になっているが、市内には相鉄の駅はない。

厚木基地

▲大和市にあるアメリカ軍の厚木基地。相模大塚や大和駅周辺にはアメリカ兵を対象とした飲食店などがあったという。

んと厚木基地に居たというのでおどろいた。むこうも相当おどろいた様子で、私が厚木基地や大和の街をよく知っているので、なつかしかったのだろう。

話に花が咲いたのは、言うまでもない。

それにしても、すごい偶然である。相鉄にもよく乗ったという。きっと東洋人がなつかしかったのだろう。

実は私の知り合いにも厚木基地の米兵と結婚して、オクラホマシティへ行った人がいる。彼女は大和市内にある某女子校の出身だが、シニアハイの頃に大和で知り合ったといっていた。大和は外国人との距離が近い街だ。

沿線の中で最も変貌した海老名

そんな大和市をあとに下り列車は海老名市へと入る。さがみ野、かしわ台と進むと丹沢の山肌がくっきりと目に入る。

さがみ野駅周辺も桜の名所だ。

相模国分信号場を通過すると、下り勾配で左カーブとなり、右手に小田急小田原線が現れると終点の海老名に到着する。

海老名は県央を代表する都市へと急成長を遂げた。昭和40年代には、あた

大山を望む

▲かしわ台〜海老名、大山を背景に海老名市国分北の住宅街が広がっている。

り一面は田畑であり、建物もまばらだったのである。

相鉄本線沿線の中で、いちばん変化した街といえよう。

ひと昔前の姿など想像もつかない。

私がはじめて海老名の駅に降りたのは、いつ頃のことか記憶が定かでないが、まだ高座郡海老名町だったように思う。小学生の頃だが相鉄5000形に乗りたくて、それで海老名まで乗りとおした。

横浜駅で5000形が来るまで待った思い出がある。いまでも海老名のホームに立つと当時のことがよみがえるが、風景の中で唯一あの頃と変わらないのは大山の山容である。

相鉄本線は短い路線ながら、車窓風景の変化が大きく、たのしい。

県央地域の陽光と港ヨコハマの潮風がコラボレーションし、緑うるわしいヒルサイド・テラスの街なみが車窓に映える。

沿線の駅ごとに個性が感じられ、どこかなつかしい香りにつつまれた、ノスタルジックな味わいに心が癒される。

相鉄本線の短い旅に、あなたも出てみませんか？

鉄道空白地帯に乗り入れた いずみ野線

相鉄のもうひとつの路線である、いずみ野線も美しい自然に恵まれた路線であり、二俣川で相鉄本線から岐れて進路を南へ向けて湘南台をめざす全長11・3キロの路線である。

いずみ野線沿線は相鉄が開発したニュータウンであり、従来このエリアは長いこと鉄道空白地帯であった。

このため開発の手が入らず横浜に近いにもかかわらず農村風景が残る地域だったのである。1976年4月8日に、いずみ野線二俣川〜いずみ野間が、1990年4月4日にいずみ野〜いずみ野中央間が、そして1999年3月10日に、いずみ中央〜湘南台間が開業している。

全線が道路と立体交差しており踏切ゼロの高規格路線で、その沿線の街なみもよく整備されており、計画的な街づくりにその特徴がある。中でも緑園都市駅周辺は大規模開発された場所で東急田園都市線の、たまプラーザのような性格を有している。

「サンステージ緑園都市」西の街、東の街を中心にして高層マンション群や戸建て住宅が整然と建ちならぶ。

▲いずみ野線沿線には畑や林が点在。
畑に育つ野菜に季節感が感じられる。

▶街全体を「会員制高級リゾートホテル」に見立てて街づくりがおこなわれ、高級住宅街の雰囲気が漂う。

緑園都市駅は1997年10月14日に関東の駅百選に選ばれた。

また1987年4月1日に緑園都市コミュニティ協会が発足し、同協会は1993年3月3日に、アメリカ・ニュージャージー州のラドバーン協会と日本初となる姉妹住宅地提携を結ぶなど、緑園都市は相鉄沿線トップクラスの住宅地として人気がある。

クリスマスが近づくと駅前は美しいクリスマスイルミネーションで飾られ、幻想的な夜景がたのしめるなど、クリエーディヴな街へと成長した。

いずみ野線沿線のもうひとつのコアタウンが、いずみ野駅周辺である。

1977年1月9日に、いずみ野住宅地分譲を開始するなど、同沿線においてもっとも早い時期に市街地化に着手したエリアであり、駅周辺にはグリーンハイムいずみ野といったマンション群が早くから出現した。

1977年8月6日には、いずみ野ショッピングセンター「フォンテ」が開業するなど商業施設も開発初期段階から整備された地域である。現在では駅前に相鉄ショッピングセンター「いずみ野ライフ」が出現しており、さらなる駅前整備がおこなわれている。

いずみ野駅は特急停車駅であるとと

▲緑園都市周辺はいずみ野線沿線のニュータウンの中心として開発された。

◀駅の北側を中心にグリーンハイムと呼ばれる団地群が広がっているほか、一戸建て住宅も多い。

もに、バス路線も集中するなど交通の要所でもある。相鉄本線瀬谷駅、三ツ境駅とを結ぶ路線バスも発着する。

いずみ野駅を発車すると同線は進路を真南へ変え、和泉川に沿って南下し次駅の、いずみ中央へと向かう。いずみ中央駅周辺は泉区の行政中心地だが、この一帯は戸塚と長後を結ぶ長後街道が通っており古くから集落が形成されていたエリアである。

次駅の、ゆめが丘駅周辺は「泉ゆめが丘地区」の開発が進行中で2007年12月に「泉ゆめが丘土地区画整理組合設立準備会」が発足した。

ゆめが丘駅周辺は開発途上中といった感じである。なお相鉄では「泉ゆめが丘地区」における土地区画整理事業の業務受託を横浜市から受けており、相鉄アーバンクリエイツが担当している。

いずみ野線下り列車は、ゆめが丘を発車すると進行左手から横浜市営地下鉄ブルーラインが近づき、境川を越え藤沢市へ入る。この先は地下区間となり終点の湘南台へ到着する。

当初の計画では平塚まで延伸する予定でいたのである。

いずみ野線延伸計画そのものが高度経済成長期に立案されているため遠大

▲ホームの脇には44本のソメイヨシノが植えられ、相鉄沿線の桜の名所として知られる。

▲駅全体をカーブした鉄骨で囲んだ斬新なデザインが特徴。駅周辺はまだ田畑が広がり、開発途中だ。

▲泉区の行政の中心である泉区総合庁舎。ここに隣接していることがいずみ中央駅の駅名の由来となっている。

であった。

沿線駅前再開発でイメージのボトムアップ

相鉄本線における沿線風景と、いずみ野線のそれとは相違点が多く、また沿線文化もそれぞれの個性があり多彩である。

街づくりを目的に、その足として建設されたいずみ野線には、ひとつのポリシーが貫かれていることに対して、相鉄本線は自然発生的に街が形成されており、多種多様な要素を包含しているように思う。

そこには沿線開発における歴史的背景が多分に影響しており、複雑な要因が絡み合う。

いずみ野線開業による企業イメージの変化は大きい。ボトムアップしたことは確かである。相鉄本線は便利な路線だが、沿線ブランド力が弱いというのが、不動産業界に長年にわたり定着していた事実は否定できない。

これの改善に相鉄も努力している。その成果は年々現れており、相鉄ブランドは人々に認知されてきた。

いま相鉄では相鉄本線沿線での再開発をおこなっており、二俣川駅南口再開発もそのひとつである。

▲いずみ中央駅前を流れる和泉川の旧河川敷を利用した親水広場。

◀小田急電鉄と横浜市営地下鉄の乗り換え駅。慶応大学と文教大学、湘南ライフタウンへの玄関口としてバス路線も多数。

同駅は比較的古くから開発の手が入り、南口に相鉄二俣川ビル（二俣川グリーングリーン）を建て、商業施設として1970年9月25日に開業している。いわゆる駅ビルだが、こうした初期物件の建てかえに着手した。

二俣川グリーングリーンは2014年9月に閉館となり、再開発に着手したがこれは2012年12月に認可された二俣川駅南口地区市街地再開発事業と関連したもので、都市再開発の一環である。

同駅北口には1990年7月27日に、二俣川駅北口共同ビル（二俣川ライフ）が完成しており、南口施設の古さが目立つようになっていた。

相鉄本線各駅での商業施設化を積極的に進めており、沿線イメージのブラッシュアップに余念がない。

エキナカ・コンビニは1999年11月9日に二俣川駅に開業したのが最初であり、他駅へと広がっている（当初はam／pm。現ファミリーマート）。

今後さらなる発展が予測される相鉄沿線の風景を想像すると、楽しみである。

▲相鉄沿線の住宅地は横浜への地の利の良さと環境で人気となっている。

◀1978年の緑園都市の航空写真。当時の田畑は住宅へと変わっている。

相鉄沿線・住宅地のあゆみ

時代に合わせて行われた宅地開発

相鉄沿線は京浜地域で戦後急増した人口の受皿として注目された沿線であり、それは昭和20年代にはじまった。

沿線に広大な未開発地が多く、そこに着目したのが横浜市や神奈川県であるが公営住宅を供給して人口の急増を吸収する必要が急がされたからである。

この社会政策の一環として実施された事業に協力したのが相模鉄道である。

同社では戦後の1948年に神奈川県と協力して大和深見台に3万3000平方メートルの住宅地を開発して、280戸の住宅を建てたことを皮切りに、その後も横浜市、神奈川県と協力して、1950年の三ツ境住宅地、1951年の南台住宅地、1957年の楽老峰住宅地をはじめ多くの住宅地開発をおこなっている。

土地区画整理事業方式による開発にも取り組んでおり、1966年には瀬谷・深見住宅地の開発に着手した。

同方式による開発は昭和40年代以降急増している。

もっとも大規模なものは、122万2000平方メートルを開発し、4700戸の住宅を供給した緑園都市住宅地で、その開発期間は1976年から1986年までの10年間におよんでいる。緑園都市住宅地はいずみ野線だが、相鉄本線では100万平方メートルを開発し、3500戸の住宅を供給した1962年から1975年にわたり開発した、えびな国分寺台住宅地の規模が際立つ。

市や県との事業で実施したものは昭和20年代から同30年代がほぼ中心となっており、時代を反映していて興味深い。

相鉄による住宅地開発は、1968年から1975年に実施した鎌倉七里ヶ浜住宅地の6万6000平方メートル、141戸が沿線外としてあるが、主要な住宅開発地はほぼ自社沿線上にある。

とくに海老名周辺での住宅地開発が目立つが、いずみ野線開業後は同線沿線に開発の中心が移り、前記した緑園都市をはじめとして、南まきが原、弥生台、みやこガーデン、山手台など多くを数える。

開発主体は2005年3月までは旧相模鉄道（現在の相鉄ホールディングス)、同年4月以降は相鉄不動産となっている。

地の利と経営努力が一体となって作り上げた人気住宅地

大手民鉄の中で相鉄における不動産事業の規模は大きく、相鉄ホールディングスの収益構成に占める比率は運輸事業を上回るのがその特徴といえ、年度ごとにその比率は当然変化するが、50パーセントを超す年度も少なくない。これには賃貸物件からの収益もふくまれるが多くの優良不動産を保有していることが読み取れる。

戦後の同社急成長の軌跡は民鉄史に残る快挙であり、地の利に恵まれたことも大きいが自社沿線への人口集積に努力し、その定住人口を最大の消費者として横浜駅西口および沿線主要駅に併設した商業施設でこれを受け止めることで自社の成長に結び付ける経営手法は卓越したものがある。

「相鉄型」民鉄経営といってもよい。

リスクの少ない住宅地開発、これは当初において市や県をバックアップする形で住宅地開発に着手した手法だが、このことで沿線人口を獲得し、鉄道事業の基礎体力を強めている。その上で横浜駅西口を開発することで自社沿線に付加価値を付けつつ、相鉄ブランドを創造し、自社開発による住宅地開発に乗り出したことで見事に成功している。

実にシステマティックな経営手法である。

リスク回避型経営を基本に置きながら、積極的な沿線開発をおこなった点に相鉄成長の鍵があるといえよう。

沿線とともに発展した民鉄であり、いわゆるディベロッパー型とは相違して見える。

相鉄沿線（相鉄本線）の住宅地価に値頃感があったことから宅地化が進んだ沿線であり、それが呼び水となり人口が集積していった。そこが東急沿線と異なっている。

昭和20年代から同40年代において多くの人口を吸収できた理由でもある。

当時の相鉄自身が発展途上の民鉄であり、沿線ブランドを確立していなかったことが、急成長に結びついたともいえよう。

ノーブランドの沿線として戦後のある時期まで温存？されていたのだが、横浜をターミナルとしていたことで、隠れたポテンシャルが内包されていた。

そのポテンシャルをうまく活用することで今日の相鉄ブランドが醸成され、人気が高い住宅地へと変身していったのではないだろうか。地の利と経営努力が一体となった結果である。そのどちらか一方が欠けていたら今日の相鉄沿線の発展は無かったと思える。

相鉄彩景

Summer

夏

大和～相模大塚

相鉄グループ

▲相鉄本線横浜駅がある駅ビル相鉄ジョイナス。

相模鉄道

▲神奈川県東部を基盤とする鉄道で、グループ会社は鉄道を基盤とし展開する。

◀交通空白地帯に開業したいずみ野線。

関連事業を分社しホールディングカンパニー制へ

相鉄グループは2003年より、連結経営体制へ移行するべく事業再編に着手し、2005年4月1日までに不動産分譲および賃貸事業、流通事業、その他関連事業の分社化をおこない経営組織の変更を実施した。

2009年9月16日に鉄道事業を分社し、相模鉄道を持株会社として、その商号を相鉄ホールディングスへ変更。鉄道事業継承会社としての相鉄準備会社を同時に相模鉄道に商号を変更し、鉄道事業を分社化している。

持株会社と事業会社に経営形態を改めたことになる。こうした変更は大手民鉄としては阪急グループにその例があるが、まだめずらしかった。現在では西武、近鉄、京阪(2016年4月予定)などがホールディングカンパニー制へ移行している。

相模鉄道では2010年10月1日に自動車事業を分社して相鉄バスが事業継承した。

相鉄バスの創立は2001年4月4日である。

なお相鉄準備会社は2009年1月22日に、1964年11月24日創立の

相鉄バス

▲駅と住宅街を結ぶ路線をはじめ、羽田空港や、河口湖方面などの路線を持つ。夜行長距路線はすべて撤退している。

横浜駅

▶6社の鉄道が乗り入れする横浜駅は相鉄線の駅の中でも一番乗降客数が多い。

大関が商号変更したものであり、ゆえに現在の相模鉄道の創立年月日を1964年11月24日と表記している。

鉄道と路線バスに集約された交通事業

相鉄グループの交通事業には鉄道、路線バス(含む、高速バス、深夜急行バスなど)のほか、ハイヤー、タクシー事業をおこなっていた相鉄自動車があったが2012年6月1日に同社の保険代理業を相鉄保険サービスに継承し、全株式を日本交通、日交データサービスに譲渡した。

このほか自動車関連事業では、相鉄自動車工業を2012年3月30日にカナセキユニオンへ譲渡している。

また貸切バス事業は相鉄自動車がおこなっていたが、2009年3月31日に日の丸自動車興業へ譲渡した。

相鉄の貸し切りバス事業は、1952年6月27日に発足し、都内にも営業所を設けて相模鉄道が直営していたが、事業整理の対象となった。

また路線バス(乗合バス)については、戦前より営業していたが、途中で一旦撤退を余儀なくされ、戦後の1950年6月20日に再開しており、その最初の路線は二俣川~保土ケ谷であった。

相鉄ローゼン

▲神奈川を中心に展開するスーパーマーケット。ローゼンとはドイツ語でバラという意味。

IST

▲相鉄駅の構内にある売店やコンビニエンスストアなどを展開。

相鉄ローゼンミニさちが丘店

▲相鉄バス二俣川営業所跡地にできた食料品をメインとしたスーパーマーケット。

以来長きにわたり相鉄のバス事業は相模鉄道が直営していた。

前記のとおり2001年4月4日に、相鉄バスを創立し、同年12月1日に相模鉄道は、綾瀬営業所の営業を相鉄バスに譲渡した。2010年10月までに路線バスの営業は相模鉄道から相鉄バスへ移行している。一気に路線バス事業の分社化をしなかったためで、一時期には相模鉄道（のバス）と、相鉄バスが混在していた記憶がある。

現在はすべて相鉄バスとなっている。なお長距離夜行高速バスについては、1989年3月23日に横浜〜大阪間（ブルーライト）で営業を開始し、同年7月20日に横浜〜田沢湖間（レイク&ポート）、7月29日に横浜〜金沢間（ラピュータ）、1990年12月21日に横浜〜高松間（トリトン）がそれぞれ営業をはじめたが、2008年8月31日に夜行高速バス事業から完全撤退した。

現在運行している高速バスは、二俣川駅北口〜羽田空港、海老名駅東口〜羽田空港と、横浜駅西口〜富士急ハイランド・河口湖の3路線である（ともに共同運行便）。

以上が相鉄グループにおける交通事業だが、都市鉄道（相模鉄道）と、路線バス（相鉄バス）の2社に集約されてい

▲沿線を中心に「コージーライフ」などのブランドで住宅地の開発をおこなう。

ることがわかる。

沿線を中心に広範囲に展開する流通事業

次に流通事業を記すと、スーパーマーケットの相鉄ローゼンが、この分野の代表といえよう。同社の創立は1962年8月10日に創立した相鉄興業に遡り、相鉄ストアの名称で店舗展開をはじめた。同年に三ツ境店が開店した。相鉄興業は1982年9月1日に相高と合併し、相鉄ローゼンに商号を変更し、店舗名も相鉄ストアから相鉄ローゼンに、相高ストアから相鉄ローゼンに変更している。相高は相模鉄道と横浜高島屋が合弁で創立したスーパーマーケットであり、相鉄沿線では大和に出店したのが最初であったと記憶している。

相鉄ストアと相高ストアを一元化して誕生したのが相鉄ローゼンである。相鉄沿線はもとより神奈川県内にチェーン展開しており、52店舗以上を有する。東は川崎市幸区の塚越店、河原町店。西は小田原郊外の富水店、北は川崎市麻生区の柿生店、南は葉山店であり広範囲におよぶリージョナルストアである。私鉄系スーパーマーケットで構成する八社会の創立メンバーであり、「Vマーク商品」を揃えている。この相鉄ローゼンに生鮮3部門（肉、魚、惣菜）を供給、担当するのが相栄フーズ。一部の店舗を除き担当しており、同社は相鉄ストア（当時）の商品自給体制をめざして1970年11月1日に相栄ミートとして創立され、1988年6月25日に相栄フーズに商号を変更した。

相鉄ローゼン内のインストアベーカリー、およびベーカリー商品の供給をおこなっている「グランジュール」は葉山ボンジュールが展開しており、同社は1991年3月1日に葉山ボンジュールを吸収合併している。葉山ボンジュールの創立は1990年10月19日。

葉山ボンジュールでは葉山ボンジュールの店名で逗子、鎌倉など5店舗の路面店を経営していたが、2012年2月15日に閉店しており、葉山ボンジュールの店名で営業している店舗は葉山店のみとなっている。

一時はそごう横浜店内のスーパーマーケット「THE GARDEN」へも商品を供給していたことがある。ベーカリー商品のほか、ジャムやマーマレードなども製造していた。

相鉄グループの流通事業としては、相鉄沿線、多摩都市モノレール沿線を中心に「ファミリーマート」を展開し、

グレーシア

▲相鉄のマンションブランド「グレーシア」。最近では他社と共同で二俣川駅直結の商業一体開発タワーレジデンス「グレーシアタワー二俣川」を手がける。

KNOCKS

▲相鉄不動産の賃貸マンションブランド。

相鉄不動産販売

▲沿線に店舗を構え、地域密着で営業をおこなう。

また駅売店の「ステーション·ist」などを経営する相鉄ステーションリテールがあり、相鉄線のほか横浜高速鉄道みなとみらい線馬車道駅へも出店した。

　このほか石油販売の相鉄興産、砂利類の生産・販売をおこなう相鉄鉱業、カラオケとインターネットカフェを経営するムーンなども相鉄ホールディングスでは、流通事業にセグメントしている。

神奈川県内に積極展開する不動産事業

　大手民鉄グループの中でも相鉄グループの不動産事業は規模が大きく、積極的に事業を展開しているのが、その特徴といえよう。

　相鉄不動産では相鉄沿線を中心に、住宅地やマンション、一戸建て住宅などの開発・分譲をおこなっており、昭和20年代から手がけている。自社沿線では希望ケ丘や万騎が原などその歴史は古く、えびな国分寺台、いずみ野、緑園都市、山手台、南まきが原、弥生台などで住宅を供給してきた。

　マンションでは「グレーシア」シリーズが相鉄の分譲マンションとして知名度が高く、また建売住宅の「コージ

ジョイナス

▲横浜駅の駅ビルで、地下街「ザ・ダイヤモンド」と一体化し、2015年12月1日に新生ジョイナスが誕生した。

ーライフ」の展開を神奈川県内を中心におこなっている。

マンションの建替え事業にも進出し、川崎市内溝の口では築43年、総戸数48戸のマンションを建替え、総戸数92戸の「グレーシアガーデン溝の口」を完成させており、この事業は相鉄不動産初の単独・建替え事業である。

相鉄不動産では、賃貸マンション事業として、自社オリジナルの賃貸マンションを「KNOCKS」と名付けて、希望ケ丘や南万騎が原に建設した。

また、人口の都心回帰を想定して横浜市内中心部および東京都心部で稼働中の賃貸マンションの取得をすすめている。

リゾート物件では栃木県の那須高原での歴史は古く「相鉄の那須」を謳い、1968年9月1日から別荘地の分譲をはじめた。

総面積は約280万平方メートルであり、2000区画を超える規模となっている。

不動産売買、仲介、賃貸では相鉄不動産販売が賃貸管理業務、販売受託事業とともにおこなっており不動産全般にわたるサポート体制を備え、ユーザーをバックアップしている。その内容は住み替え、資産活用コンサルティングなど幅が広い。

相鉄不動産、相鉄不動産販売がおもにエンドユーザーを顧客にしていることに対して、同じ不動産賃貸事業でも相鉄アーバンクリエイツや相鉄ビルマネジメントは、商業ビルやショッピングセンターを手がけている。その代表的なものを記すと相鉄ジョイナス、ザ・ダイヤモンド、三ツ境ライフ、港南台バーズなどである。

また、オフィスビルの数も多い。さらに駐車場の管理運営、駅構内店舗のそれもふくまれる。

相鉄不動産がおこなっている施設賃貸事業の中で、高齢化社会のニーズを反映したものとして「ライフコミュン希望が丘」がある。これは相鉄不動産が建設した建物を有料老人ホーム運営会社に一括賃貸したものだ。不動産事業にセグメントされるものは、このほかマンション管理をおこなう相鉄リビングサポートなどがある。

宿泊特化型に重点を置いたホテル事業

相鉄グループには、さまざまな事業会社があるが、ホテル事業について記すと、その筆頭は「横浜ベイシェラトンホテル&タワーズ」である。28階建

▶施設賃貸事業として相鉄不動産が建設した建物を一括賃貸、運営を木下の介護が運営をおこなう介護付有料老人ホーム。

ライフコミューン希望ケ丘

▼専門店街「相鉄ライフ」は沿線に8店舗展開。三ツ境相鉄ライフは一番大きく、相鉄ローゼンも入店している。

相鉄ライフ

て398室と7つのレストラン・バーを備えた同ホテルは、1998年9月24日に開業した。相鉄ホテルが運営するホテルであり、スターウッドホテル&リゾートワールドワイドInc.と提携し、「シェラトン」ブランドの1軒となった。

相鉄グループのホテル事業は、この都市ホテルのほかに宿泊特化型ホテルの「相鉄フレッサイン」があり、2019年までに50店舗以上の出店をめざしている。

同ホテルの1号店は2007年12月1日開業の「相鉄フレッサイン鎌倉大船」である。以来続々と新規出店を重ねており、神奈川、東京を中心に千葉県の柏にも出店した。

「相鉄フレッサイン」を経営するのは相鉄インであり、同ホテルの開発をおこなうのが相鉄イン開発である。

なお、相鉄インの創立は2006年6月2日。相鉄イン開発の創立は2010年7月1日だ。相鉄グループでは「相鉄フレッサイン」の拡大を視野に入れると同時にホテルサンルートを買収した。

ホテルサンルートのルーツを記すと、旧第一ホテルに遡る。この第一ホテルにいた丸山三郎がビジネスホテルチェ

横浜ベイシェラトン　ホテル&タワーズ

▲横浜駅西口から徒歩1分という立地は、観光やビジネス利用に便利。

相鉄フレッサイン

▲ビジネスに観光に気軽に宿泊できるビジネスホテル。東京や神奈川などのビジネス街を中心に展開。

ーンの構想を、社長(当時)の土屋計雄に持ちかけたが賛同を得られず、独立してホテルサンルートを創業。当時は藤田観光のワシントンホテルと両雄といわれていた。

これを買収したのがJTBである。JTBも自らホテル事業に着手したが、結局は事業縮小で売りに出し、相鉄が買収した。

「相鉄フレッサイン」と「ホテルサンルート」の2本立てでいくのだろうか?

いずれにしても、いまのところ都市ホテルは「横浜ベイシェラトンホテル&タワーズ」のみである。

相鉄のホテル第1号はアメリカ領グアム島で現地法人の、アメリカン相鉄コーポレーションが経営した「ホテルジョイナス」だが、アメリカン相鉄コーポレーションは、2005年1月31日に、その全株式をハワイのミルズグループに譲渡している。

相鉄グループは近年になり、グループ会社の合併、分割、商号変更、譲渡が多くみられる。ホールディングカンパニー制への移行にともなう組織改革、再編に起因してのことと思われる。

暮らしの匂いが漂う駅前商店街

相鉄沿線の駅前風景は、どこかなつかしい。それは駅前商店街が他社の沿線にくらべて元気だからだと思うことがある。

人の体温がかんじられる街だ。どこかに昭和の郷愁を残している。

京急沿線ほど下町カラーが濃密ではなく、かといって東急沿線に漂うセレブ感もないのが相鉄沿線である。このある種絶妙のバランスの上に相鉄沿線の風景があるのではないだろうか。

もともと相鉄沿線で成長を大きく遂げた街は旧市街地ではなく新興住宅地である。

昭和30年代～40年代にそれが顕著にみられた。

ここでは、その中のひとつであり、いまも多くの乗降客で賑わう街、相鉄本線の三ツ境をステージに定めたい。そこは相鉄ストア（後の相鉄ローゼン）が第1号店を昭和37年に出店するなど、駅周辺の風景もまた絵に画いたような新興住宅地であった。

ノスタルジーを語るには、その時代設定をする必要がある。それをここでは1969年としてみた。

その理由はといえば、1969年1月、あの学園紛争最盛期に何歳であったかということが有効なメルクマールになると思え、世代感覚はあの時点で固定され、時間がとまったまま、それがいまだに続いていると黒沢進が言ったことに、ひどく共感を覚えたからである。

さらに1969年といえば翌年に大阪万博を控えており、戦後の経済成長が頂点を迎えた頃でもある。

当時、私はまだ子供だったが大人たちが現在と違って元気だったことを肌でかんじていた。この三ツ境の近くに親類が暮らしていたのでよく知っている街である。

駅周辺は店舗や医療機関など揃っていたが、大型店舗はまだ出現前夜だった。

プラタナスの並木が美しい郊外の街だ。

丘陵地固有の風情がある。

三ツ境駅は上下線別に出改札口が分かれており、駅構内に踏切はなく、構外の陸橋が上下線間を結んでいた。

北口にはプレハブ造り平屋の相鉄ストア、未舗装のバスのりばがあり、丘の上には傾斜地の斜面上にコンクリートで人工地盤を築いた三ツ境名店街が多くの買物客を集めていた。現在、その跡地は三ツ境ステーションスクエアというマンションが建っている。

やはり時代の変化は避け難く閉店してしまった。確かに当時にくらべると街なみも整い都会らしくなったが、どこか淋しくかんじるのはなぜなのか。

思うにそれは「暮らしの匂い」が街から消えたからかもしれない。

個人商店の集合体であるマーケット（商店街アーケード）を歩くと、業種ごとの様々な匂いを感じるが、スーパーマーケットはそうでもない。

この「匂い」というのは人の記憶にいちばん残り、また過去をストレートに思い出させる力を持っている。

三ツ境名店街を例にすると、アーケードを入ると左手に精肉店、右手は生花店なのだが奥の鮮魚店が発する潮の香が強く感じられる。これが生臭くなく実にさわやかな青みをともなった魚と潮の芳香なのである。

夕暮れ時、それも晩春から初夏にかけてがよい。いまも郷愁として思い出す。

その鮮魚店の前に薬局があり、私は子供の頃にその薬局でよく化粧品を買っていた。

マックスファクターの商品が揃っていたからだが、早熟な少女だったようだ。

最初に自分用に買ったオーデコロンも、ここで買った「ゴールデンフォレスト」だった。なぜかいまも鮮魚店の前を通ると、反射的にその薬局を思い出し、当時のことがよみがえるから不思議なものである。

マックスファクターのテレビCMでのキャッチコピーが「Summer in 1969 PanCake」だった。

こんな思い出が芋づる式に思い出せるのも、当時の商店街にあふれていた活気と、匂いからだ。人の五感をダイナミックに刺激した証拠である。

こうした商店街は、あまり知名度が高くなっても、有名になってもいけない。

それは、ある程度の規模を持ちながらも「ご当地」性が不可欠だからだ。アメ横のように有名になり、全国区となると別物になる。

ほどよい規模とローカル性がキーワードになるが、こうした商店街を多く目にするのが相鉄沿線である。ゆえにノスタルジックな空気感があるのだろう。

全体にアットホームな沿線である。

1969年の三ツ境は時空の彼方へ消えてしまい、私も少女ではなくなってしまったが、あの日、あの頃の思い出を拾いに三ツ境の街を歩くことがある。

未舗装のバスのりばはキレイに整備され、プレハブ造りの相鉄ストアは、三ツ境ライフに生まれ変わって久しい。

丘の上にある笹野台商店街は、その昔の雰囲気があってなつかしい思いだ。

人には誰しも心に残る風景がある。

それは主として10代の頃に目にした風景のように思う。

その風景にプレイバックできたら、きっとたのしいに違いない。

昭和ノスタルジーを捜しに相鉄沿線の街歩きをおすすめしたい。

きっと何か発見があるだろう。

相鉄沿線ノスタルジー 1969 三ツ境

▲三ツ境名店街跡地に建つマンション。笹野台商店街の一角を占め、1960年代のこのあたりは買い物客で賑わった。

◀三ツ境駅付近。この風景も近い将来は変わっていく。

平沼橋～西横浜

相鉄彩景
Autumn
秋
SOTETSU
8501

「えッ！ここが横浜？」

港町ではない横浜の街

横浜市の最西端に位置する瀬谷駅。

この駅前にあった電話ボックスでの話だ。

時は1967年だったと思う。無論のことケータイもPHSも、あのなつかしいポケベルさえ夢のまた夢という時代である。

私は横浜の友人宅に電話したが、これがまったく通じない。

おかしいと思い売店のオバサンに訊くと「横浜へは045要らないのよ。ここも横浜だから」と言われてビックリ。

「えッ！ここが横浜？」と口を突いた。

あたり一面の様子、駅の雰囲気、停車中のボンネットバス、そして農協の建物……

そこが横浜市内だとは想像できなかった。

それほど田舎だったのである。とにかくおどろいた。確かに地名は横浜市戸塚区だ（当時）。

瀬谷駅は当時、隣駅である三ツ境、大和にくらべて長閑だった。

駅前には菓子店、写真店、不動産屋がポツリとあった程度である。

現在も街なみ、道筋に大きな変化はなく、のんびりとした時間が流れている。

昔からの店舗も健在で、いまでは数少なくなった路面店のレコード・CDショップが営業している。

隠れた名店として、チーズケーキが美味しいケーキ屋があり時々テイクアウトしたりと、街の穴場を捜すたのしみがある街である。

このケーキショップ「カスタード」は歴史があり、半世紀になろうか。

大和駅前にもショップがある。

アプリコットの香り豊かなベイクドチーズケーキの味が最高である。子供の頃から親しんだ味だ。

街の活性化のため、いろいろと努力している街であり、瀬谷の名品としてインターネットでも紹介している。

この街も商店街が以前は元気だった街であり、いまもその面影が残っている。時が静かに優しく流れている街だ。

それにしても人口は増えているのに買物客の姿が激減し、シャッター通りになるのはなぜなのか。ロードサイドのショッピングモールだけに原因があるとは思えない。

するとネット通販か……

世の中、便利になったが、よくなったといえるだろうか疑問である。

あの日、あの頃の賑わいが街へ帰ってくることを望みたい。

▲瀬谷の隠れた名店、ケーキショップ「カスタード」。

相鉄の車両

▲星川の高架工事中の下を通過する10000系。

9000系シリーズ

我流をゆく車両設計思想

相鉄の旅客営業車両は、２０１５年4月1日現在で３９８両が在籍しており、その内訳を記すと、７０００系88両、８０００系１２０両、９０００系70両、１００００系70両、１１０００系50両である。

全車が20メートル長、片側が4扉両開きの大型車両であり、車体は７０００系、８０００系、９０００系がアルミ合金製。

１００００系、１１０００系がステンレス鋼製であり、すべて軽量車体で占められている。また、７０００系の一部を除きＶＶＶＦインバータ制御車であり、１００００系、１１０００系はボルスタレス台車となっている。ブレーキ装置は７０００系のみＳＥＬ電磁直通空気ブレーキだが、他はすべてＨＲＤＡ全電気指令式電磁直通空気ブレーキであり、電気ブレーキ装備車両は電力回生ブレーキを用いている。

相鉄の車両は７０００系を除いて車体幅が広いのが特徴で、大手民鉄の中で最大となっている。また、７０００系、８０００系、９０００系は直角カルダン駆動という変わり種であり、外

▲7000系。相鉄らしさが一番出ている車両だ。

▶従来の9000系と、横浜の海をイメージした「YOKOHAMA NAVYBLUE(ヨコハマネイビーブルー)」にカラーリングされた9000系(左)。

付け型ディスクブレーキ台車という個性的な車両である。

他社では昭和30年代はじめに直角カルダン駆動から平行カルダン駆動へ宗旨がえしたが、相鉄1社が近年に至るまで、直角カルダンを死守した。

界磁チョッパ制御を採用しなかった点も非常にめずらしい。

相鉄における車両設計思想は、長年にわたり他社の動向など一切気にかけず「我が道をゆく」という孤高の精神を貫くものであったが、その相鉄が一転してJR東日本のOEM車両である。10000系(E231系)、11000系(E233系)を導入したのが衝撃的であった。

直通運転に備えて新車導入

180度の方針転換である。E231系やE233系をベースとした民鉄車両は例があり、たとえば東急5000系グループ、小田急4000系があるが、相鉄10000系、11000系はほとんどJRのカーボンコピーである。JR東日本との直通運行に備えてのためとも思える。

ひとつには相鉄の車両限界、建築限界が大きく、JRと同等という条件も

▲西横浜に停車している左から
10000系、9000系、8000系。

▲9000系と5000系。どちらも相鉄オリジナル車両。

起因しよう。

鉄道車両の設計統一、標準規格化は可能な限り推進すべきことである。

相鉄の例は貴重なケーススタディといえよう。11000系は相鉄全車両の中で、もっとも快適な乗り心地に思える。

9000系までの空気バネ台車とは異なり乗り心地が柔らかい。その違いはハッキリとわかる。

相鉄の空気バネ台車は5000形から9000系に至るまで、3010系の一部を除いて、乗り心地が硬めであるからだ。3010系は引退している車両だが、サハ3514で使用をはじめた、TS323台車のことである。この台車の空気バネは柔らかい。

ひとくちに空気バネ台車といっても千差万別であることがわかる。

確かに10000系、11000系は合理的設計で、優秀な車両だが「相鉄らしさ」が感じられず、心情的には7000系に魅力をおぼえるから不思議なものである。

「数値」としての優秀さと、「感覚」としての愛着度は別物だと痛感する。

7000系に魅力を感じる原因は、6000系全盛期の相鉄への、なつかしさからだろう。キラキラと光るディスクブレーキ、盛大にフランジ音をキ～ン、キ～ンとたてながら走っていたイメージが相鉄であった。

現在の相鉄は、あのフランジがたてる金属音も少なく静かに走る。

車両も世代交代している。そんな今日の車両を中心に記してみたい。

▲6000系電車に続く相鉄の主力車両として導入。

相鉄 7000系

軽量化で経済的な高性能車として登場

7000系は現有車両の最古参車両であり、3グループに分かれている。

Aグループは7000系オリジナル車両ともいえ、（新）6000系の走行機器に5100形のアルミ合金製車体を載せて登場したグループであり、Bグループは車体の前面をリニューアルしたグループ、そしてCグループはBグループの車体を用いて、VVVFインバータ制御化し、台車を変更したグループである。

Aグループが登場したのは1975年9月29日で、相鉄初の新造アルミ合金量産車であり、2100系、5100形のような車体載せかえで登場したアルミ合金車と異なる。

7000系Aグループの車体前面は、前照灯取付け位置が2100系、5100形とくらべて若干ながら車体外側になった点と、前面貫通扉および車体側面の飾り帯の色が変更され、ファイヤーオレンジになったことである。また、前面貫通扉の車番プレートの取付け位置が少し高くなり、側面飾り帯が細くなったことも影響してスマートさが増している。性能面は（新）6000系と大差がない。

Bグループ（クハ7713～）はモデルチェンジした車体で、12次車にあたる。このBグループまでが抵抗制御車である。

Cグループは1988年増備の14次車にあたり、VVVFインバータ制御で登場した。台車はM、Tともにインダイレクトマウント空気バネ台車となり、M台車がKH132A、T台車がKH135である。

主電動機は180キロワット（HSV-02）、VVVF装置は1C4MのGTO-VVVF、VF-HR116となった。

ブレーキ装置は電力回生連動電磁直通空気ブレーキである。

▲6000系の置き換えを目的に開発された。

相鉄
8000系

相鉄の伝統を受け継ぐ車両

1990年12月25日に登場した8000系は、Rボデーのアルミ合金車で車幅が2930ミリ（車側灯間3000ミリ）と広い。

前面は大型平面ガラスを用いて、フラットに仕上げた点が特徴で、前面非常用扉を車掌台側いっぱいに寄せた左右非対称スタイル。

この8000系から本格的にVVVF制御で車両を量産している。

7000系サハ7662、サハ7664で試験的に導入した対向クロスシートを採用し、横浜方から5両目と8両目の車両に設けた。8000系の内装は、座席モケットがパープル系、内壁はホワイト系でツヤ消し仕上げである。

クーラーは42000キロカロリー時の集中型（FTUR375）。車内ファンは7000系13次車以降で採用をはじめた軸流式ファンとなっている。

VVVF装置のVF-HR128は4500V-3600Aの2ステップGTO-VVVFで、1C8M方式になった。

主電動機は150キロワット（HSV-03）であり、歯車比は49:10=4.90である。台車はインダイレクトマウント空気バネ台車のKH132B（M台車）、KH135A（T台車）で、アンチローリング機能を有する。

ブレーキ装置はHRDA-1Rが採用された。ツーハンドルタイプである。

登場時の外装は赤帯に白ラインを窓下裾部に施し、車体上半はクリアラッカーであったが、相鉄CIカラーに変更されており、ライトグレイをベースに、相鉄ブルーと相鉄オレンジの帯を巻いたニュールックとなった。

8000系は相鉄の伝統どおりに、オール日立製である。

▲6000系の置き換えとして8000系と並行して導入された。

相鉄 9000系

自社開発車両としては最後の型式

東急車輛製の新造車で登場したのは1993年1月11日。

前作の8000系登場から、まだ日が浅く後継車両というより、むしろ姉妹車両といったかんじである。

車体幅は8000系より30ミリ細く、前面も曲面ガラスを用いているので、基本レイアウトは共通しているが、かなり印象が異なる、スリムなかんじになった。

電装品は東洋電機製で登場し、台車は東急製であり、M台車がTS907、T台車がTS908。インダイレクトマウント空気バネ台車は8000系と同じ構造である。

主電動機は180キロワットにパワーアップしたTDK6140-A1となり、歯車比も49:9=5.44へ変更された。

釣り合い速度は8000系より時速10キロ速い時速120キロとなっている。

VVVF装置は4500V-4000Aの1C8M制御の2ステップ方式GTO-VVVF。ATR-H8180-RG638-AMで登場したが、VFI-HR2820Qへ換装した車両がある。

電動空気圧縮機はHS20-2だが、低圧補助電源装置は（新）6000系から流用した出力140キロボルトアンペアのMG（TDK3341A）を使用している。

ブレーキ装置は8000系と同じツーハンドル型のHRDA-1Rである。

クーラーは相鉄唯一の集約分散冷房であり、10000キロカロリー時のRPU2218を各車4基屋上に装備し、クーラーキセは連続している。

相鉄伝統の外付け式ディスクブレーキ、直角カルダン駆動は、この9000系まで連綿と続いた技術である。

相鉄最後のオリジナル車両といえよう。

▲前面のデザインなど細かい点を除いて、ほぼE231系と同じである。

相鉄
10000系

従来の相鉄スタイルと決別

JR東日本E231系のOEM車両である10000系が登場したのは、2002年2月24日のことである。

相鉄車両の血統を何ひとつ受けてない車両であり、長年相鉄を見てきた目には、まさにカルチャーショックであった。

このおどろきは小田急に3000形（2代目）がデビューしたとき以上である。

相鉄にとっても初モノづくしであり、ステンレス車体、平行カルダン駆動、ボルスタレス台車などがそれである。

あれほど執着していた直角カルダンと別れるとは予想外のことだった。

ディスクブレーキ祭りである。

E231系との違いは前面デザインと、乗務員室の寸法取り、それとMT比である。

E231系が4M6T組成に対して、10000系は5M5T（8連は4M4T）。

相鉄初のIGBT-VVVF制御であり、インテリジェントパワーモジュール（IPM）3ステップインバータである。

装置形式名はJR東日本と同じだが、それぞれ頭に相鉄を意味するSTを付加している。VVVF装置はST-SC60A/ST-SC60A-G2。主電動機はST-MT73（95キロワット）。台車はST-DT61、ST-TR246といった具合である。

戸閉装置の電動スクリュー軸駆動も相鉄初のシステムだ。

この10000系だが意外に早く増備を打ち切り総数70両に過ぎない。

カラーリングは途中で変更となり、同じくブルーとオレンジの帯だが登場時のものは現在よりパステル調のカラーリングであった。

内装に変化はなく、ライトグレー系の壁面にパープル系の座席である。

▲衝突事故対策として、大手民鉄で初めて先頭車両にクラッシャブル（衝撃吸収）構造を採用。

相鉄 11000系

10000系に次いでJR東日本の車両をベースに設計

2009年6月15日に登場した相鉄のニューフェースで、JR東日本E233系のOEM車である。今回は乗務員室スペースもE233系と同じであり、違いは前面形状のみ。中央快速のE233系と同一編成となっている。編成は6M4T。主電動機は140キロワットのST-MT75。台車はST-DT71、ST-TR255となった。

VVVF装置は2ステップのIGBT-VVVFでゼロベクトル制御。1C4M×2群制御である。

車両設備面ではバリアフリー化を徹底しており、床面高を10000系より35ミリ下げている。また座席幅も1人あたり460ミリとし、座面にはS字バネを入れてクッション性を高めた。

側扉窓には複層ガラスが使用されているので結露を防止できる。

扉窓の複層ガラス化は他形式車へもフィードバックがすすんでいる。

11000系の前面はライト類がすべて上部収納となったことで、10000系と印象が異なる。

当分増備が続くのか、それともE235系のOEM車が登場することになるのだろうか、たのしみである。

やがては相鉄の車両すべてがJRスタイルに統一される可能性は捨て切れないが、ちょっとそれも淋しい気がする。

確かに10000系、11000系がデビューしたときには、目新しさもあってよかったが、両数が増えて乗る機会が増すと、そうとばかりも言っていられない。

相鉄といえばディスクブレーキ、そう思うのは私だけだろうか。

11000系の快適な車内で、ふと考え込んでしまう。

5000形と6000系

▲相鉄の自社開発車両では初めて20メートル長の大型の車体と、片側4つの両開きドアを採用した。

直角カルダン全盛の頃は、ツリカケ駆動が幅を利かせていたため余計に、そうかんじたのだろう。

斬新なスタイルで登場した5000形であるが、軽量車体のため腐食も早く進行してしまい、また18メートル（初期車は17メートル）長、3扉片開きという点も輸送需要に合わなくなり、5100形へと改造され、20メートル長、4扉両開きのアルミ合金製車体に載せかえた。

5000形は斬新ではあるが、そこには多分に試作的要素がふくまれている。

いわゆる第1世代の高性能車にみられる宿命といえよう。

この5000形で確立し、継承された技術は直角カルダン駆動と、5000形3次車（モハ5011～）から採用された空気バネ台車であり、6000系へ受け継がれた。

一方で、5000形一代限りで終わった技術は、ボデーマウント構造と発電ブレーキである。

コスト高になり、保守に手間を要する技術を見なおし、高性能が必ずしも高信頼性に結び付かないことを学んでいる。

相鉄の急成長と高度経済成長を支えた6000系

そこで登場したのが実用一点張りの6000系であり、1961年10月21日に登場した。

簡潔な切妻車体、20メートル長、4扉両開き大型車両であり、空気バネ台車による快適性の確保、各停から急行まで使用するために採用した広領域特性を有する主電動機、編成自由度を考慮した1M方式（1C4M制御）などが6000系の特徴である。

相鉄型とまでいわれた有名なディスクブレーキは、6000系、モハ6011～採用されており、モハ6010まではクラスプブレーキとなっている。

6000系は相鉄の急成長期に活躍した車両であり貢献度の高さは、歴代車両の中で筆頭といえよう。

5000形のスター性にどうしても隠れてしまいがちな地味な車両であり、そのスタイルもスマートとはいえないが、ひとつの名車であったことに間違いはない。

日本の高度経済成長を支えた多くの通勤客を黙々と運んだ車両である。

相鉄の成長期を支えた車両は他にもあるが、しかしそれらは脇役にすぎない。

2000系（2100系）、3000系（3010系）などである。

5000形が「人寄せパンダ」的な側面を有していたことに対して、6000系は実質で勝負していた。この両者におけるコントラストは明快である。

事実、相鉄ではコスト面から5000形の増備と並行して、旧性能中古車両を購入しており、乗客急増に対応していた。そうした下地の上に6000系が登場したのである。

思い出の名車たち

5000系

▲その後の車両開発に与えた影響は大きく、「直角カルダン駆動」「電磁直通ブレーキ」「軽量車体」は引き継がれている。

相鉄初の高性能車として登場した5000形

神奈川県内のローカル鉄道にすぎなかった相鉄だが、都市鉄道へと成長してゆく1960年代を中心に、主力車両として活躍したのが5000形、6000系であり、ある時代の相鉄を代表していた車両である。

しかし、この両者の性格はかなり異なっており、技術先行型で製作された5000形に対して6000系は実用性重視で製作されたといえよう。

5000形は相鉄初の高性能車として1955年12月に登場。

旧型車両ばかりの相鉄にとり、5000形の登場は革命的であった。

カラフルな塗装、ボデーマウント車体の5000形は否応なく目立つ存在であり、相鉄のスターである。

この車両のベースは前年に登場した東急5000系にあるらしい。

この話は以前、東急で車両部長をされていた故・宮田道一氏から伺ったことだが、当時相鉄の井上車両部長が東急5000系に関心を強く抱き、同じ設計思想で相鉄5000形を製作したとのことである。

直角カルダン駆動を気に入り、これを相鉄に定着させたのも井上車両部長だそうだ。

残念ながら筆者の私は、その年齢からいっても井上車両部長という方を存じ上げない。

私が知るのは柴田重利車両部長からである。

この直角カルダン駆動は初期にトラブルが多発し、推進軸（スプライン軸）の脱落に悩まされた。

営業走行中に、これが発生すると脱線事故を誘発する。

東武鉄道では直角カルダン駆動の実用化を、あきらめてしまった。

営業走行中ではないが相鉄、小田急、東急でも推進軸の脱落事故は車庫線内で発生したそうだ。

こうしたトラブルが多発したこともあり多くの民鉄が直角カルダン駆動から平行カルダン駆動へ移行する中で、相鉄1社のみが直角カルダン駆動を継承し、平成5年に発場の9000系まで使用している。

5000形から延々と受け継いだ技術であるが、6000系、7000系、8000系、9000系では主電動機出力の関係から電動台車の軸距が長いため、曲線区間通過時に車輪フランジと線路間の接触摩擦抵抗が大きくなり、保線屋には嫌われていたとのことである。線路をより多く削ってしまうからだ。

直角カルダン駆動は、その構造上必然的に軸距が長くなってしまう。

メリットは走行音が静かだといわれているが、あまりその実感はない。

大和～相模大塚

相鉄彩景

Winter 冬

相模鉄道と川又貞次郎

横浜駅西口の発展に尽力

1945年6月20日に相模鉄道の社長に就任した川又貞次郎は、1941年に同社の取締役となり砂利事業に携わるが、その出身は東京山手急行電鉄の創立に加わり、さらに帝都電鉄を経て、小田原急行鉄道に顧問として入社。砂利採取および販売を手がけた。

砂利採取、販売の相互調整をする必要があることから小田原急行鉄道、東京横浜電鉄、相模鉄道が設立した帝都砂利組合の理事長を務めた。

相模鉄道の戦後復興に尽力し、砂利事業のさらなる拡大、横浜駅西口の開発をおこなった。相模鉄道中興の祖として知られる。

彼は常に街づくりには広場が必要だと言っていたが、相鉄ジョイナスを建設する時にも、その屋上部分に広場を設けて、そこに彼の銅像が設置された。

1959年12月17日に他界。享年74歳であった。

残念ながら私が生まれる前に亡くなっているので、無論お会いしたことはないが、その当時の相模鉄道の内情、小田急との関係、そして三井銀行の動きなどの詳細については父から聞いている。

川又貞次郎は私有財産（山林など）を処分して資金をつくり、三井銀行の協力を得て、小田急電鉄による相模鉄道買収を阻止した。

◀ジョイナスの屋上にある緑豊かなジョイナスの森彫刻公園。

◀相模鉄道元社長・川又貞次郎の銅像。

▲相鉄グループの顔ともいえる横浜ベイシェラトンホテル&タワーズは横浜駅西口に建つ。

相鉄の略歴

▲かしわ台～海老名間を走る相鉄本線。

▲砂利置場だった西口を相鉄が積極的な開発をおこない大繁華街を形成した。

相鉄の祖は JR東日本の相模線

相模鉄道の歴史は1917年12月18日に創立総会を開催したことにはじまり、初代社長を務めたのは岡崎久次郎であり、資本金60万円であった。

会社の設立登記をおこなったのは、翌年の1月4日のことで、本社所在地を神奈川県高座郡茅ヶ崎5573番地の2としている。

1919年7月22日には砂利の採取、販売兼業の認可を受け、同事業は1923年4月1日に開始された。

この間、1921年9月28日に茅ヶ崎～寒川間を開通させ、その路線延伸は北上を続け1926年4月1日に寒川～倉見間、同年7月15日に倉見～厚木間を開通させた。

この年の11月30日には初の株主配当（年12パーセント）を実施することができた。

1927年4月1日に資本金を500万円に増資（1924年4月25日に、資本金を180万円に増資）し、1931年4月29日に厚木～橋本間を開通させたことで、茅ヶ崎～橋本間33・3キロメートルが全通しており、1936年1月15日より省線八王子停車場へ

JR相模線

▲開業時は相模鉄道だったJR相模線。現在の茅ケ崎市に本社を置き、茅ケ崎～橋本間を開業した。

厚木駅

▲JR東日本・相模線の厚木駅。もとの持ち主は相模鉄道である。

の乗り入れ運行をはじめている。

砂利部門では1935年8月28日に相鉄砂利販売（現在の相鉄鉱業）を創立した。

1941年には東横コンツェルン傘下となり、同年6月30日に五島慶太が社長に就任した。

同じく東横コンツェルン傘下となった神中鉄道を1943年4月1日に吸収合併し、資本金650万円となる。

1944年6月1日に運輸通信省が、茅ヶ崎～橋本および支線の寒川～四之宮間を買収し、国有化した。

このため相鉄に残った鉄道路線は吸収合併した神中鉄道が保有していた路線のみとなる。神中鉄道を吸収合併させたのは五島慶太であるが、このことがなければ相模鉄道は鉄道会社として存続し得なかったのである。相模鉄道、神中鉄道の双方ともが東横コンツェルン（後の東急グループ）傘下となっていた幸運である。

ただ、相模鉄道は大東急を形成した小田急、京王、京浜と異なり吸収合併されたわけではなく、東京急行電鉄に鉄道事業の経営を委託したにすぎない。1945年6月1日から1947年5月31日までが、この委託期間である。

ジョイナス

▲西口の地下街をふくめてリニューアル。

沿線に広がる宅地

◀海老名～かしわ台に広がる住宅地。住環境と交通の良さから人気となっている。

大手民鉄が系列化を狙う社会的価値の高さ

戦前、戦中、そして戦後の一時期まで相鉄は弱小民鉄にすぎず、戦時中の輸送力を確保するためには東急の援助が不可欠であった。

相鉄の資本金が1億円を超えたのは、1951年11月1日の増資であり、この増資により資本金1億2000万円となったが、前回の増資（1948年6月1日）から倍額増資となっている。

相鉄グループは戦後とくに地域開発で成功しているが、横浜駅西口の開発がそのことを証明している。

1952年11月28日に相模鉄道は、横浜駅西口一帯の土地、2万4688平方メートルを、米国のスタンダード・ヴァキュームオイル社（現在のエクソン・モービル社）から一括買収した。

1956年4月2日に横浜駅名品街、高島屋ストアを開業し、1959年10月1日に横浜高島屋が開業する。横浜高島屋は高島屋と相模鉄道との共同出資で設立された。

1963年2月22日に創立した横浜地下街（現在の相鉄アーバンクリエイツ）は1964年12月1日にダイヤモンド地下街（現在のザ・ダイヤモンド

緑園都市

▲いずみ野線のコアシティとして洗練された街づくりが進められている。

を開業。

横浜駅西口一帯の商業施設が出揃った。

従来、横浜駅の裏口であった西口が表口へと変化した。

相鉄グループでは、さらに再開発を実施し、1978年5月23日に新相鉄ビル（相鉄ジョイナス）をグランドオープンした。

いずみ中央駅付近

◀人気のいずみ野線沿線は、豊かな自然に抱かれた住宅地。

さらに1998年9月24日に「横浜ベイシェラトンホテル&タワーズ」を開業。

大手民鉄として高級都市ホテルを所有することで他社と肩をならべた。

現在の相鉄グループは交通事業、流通事業、不動産事業、サービス事業で構成されており大手民鉄経営のモデルパターンとなっている。

なお相模鉄道は過去何度か大手民鉄の資本介入による系列化を回避したが、とくに小田急電鉄による動きが活発であった。

昭和20～30年代にその動きがみられたが、防戦体制を固めて対応した。

相鉄ホールディングスの大株主として小田急電鉄が登場するが、これはそうした過去の経緯を示したものである。

平成に入ってからも相鉄をめぐっては、東急や西武が系列化を狙っているなどと、経済誌が書きたてたこともあった。

それだけ会社価値が高いという証明でもある。

今後予定されている東京直通化が実施されると、さらに注目されるに相違ない。

そうしたポテンシャルを秘めているところに相鉄の魅力があるといえよう。

相模鉄道のあゆみ

1917(大正6)	12.18	相模鉄道、創立総会を開催
1921(大正10)	9.28	茅ケ崎～寒川間(現・JR相模線)が開業
1923(大正12)	4.1	砂利採取販売業を開始
1926(大正15)	4.1	寒川～倉見間が開業
	5.12	神中鉄道の二俣川～厚木間が開業
	7.15	倉見～厚木間が開業
1931(昭和 6)	4.29	厚木～橋本間が開業、これにより茅ヶ崎～橋本間が全線開通
1933(昭和 8)	12.27	神中鉄道の平沼橋～横浜間が開業、これにより延伸開業を重ねてきた厚木～横浜間が全線開通
1941(昭和16)	11.25	神中鉄道の相模国分～海老名間が開業 神中鉄道が小田原急行鉄道(現・小田急小田原線)相模厚木(現・本厚木)駅へ乗り入れ開始
1943(昭和18)	4.1	神中鉄道を吸収合併
1944(昭和19)	6.1	茅ヶ崎～橋本、寒川～四之宮間が国有化、相模線(現・JR相模線)となる
1945(昭和20)	6.1	鉄道業の経営を東京急行電鉄に委託
1946(昭和21)	12.26	横浜～海老名間で直通運転開始
1947(昭和22)	5.31	鉄道業の東京急行電鉄への委託を解除
1952(昭和27)	11.28	横浜駅西口のスタンダード石油所有地2万4688平方メートルを買収
1955(昭和30)	12月	5000系(初代)車両が登場
1956(昭和31)	4.2	横浜駅名品街、高島屋ストア(現・高島屋横浜店)が開業
1959(昭和34)	2.1	社名略称を「相鉄」、英文略称を「STK」と制定
1961(昭和36)	10.21	6000系車両が登場
1964(昭和39)	11.5	小田急電鉄小田原線本厚木駅への乗り入れ廃止
1968(昭和43)	4.1	横浜～二俣川間でATS(自動列車停止装置)使用開始
	12.26	二俣川～大和間でATS使用開始
1969(昭和44)	8.1	大和～海老名間のATSが完成、全線で使用開始
1970(昭和45)	5.29	2100系アルミ車が登場
1973(昭和48)	11.20	横浜駅西口の新相鉄ビル第1期工事が完成、相鉄ジョイナスが開業
1974(昭和49)	2.8	横浜駅改良工事が完成
1975(昭和50)	9.29	7000系アルミ車が登場
1976(昭和51)	4.8	いずみ野線二俣川～いずみ野間が開業
1978(昭和53)	5.23	新相鉄ビルが全館完成、「ジョイナスの森」がオープン
1984(昭和59)	2.3	神中鉄道時代の花形客車「ハ20形ハ24号」を、かしわ台電車基地に保存
1986(昭和61)	6.16	ITC(総合列車運行管理装置)の使用開始
1990(平成 2)	4.4	いずみ野線いずみ野～いずみ中央間が開業
	5.31	日本民営鉄道協会理事会が相模鉄道を大手民鉄として扱うことを了承
1991(平成 3)	10.10	初の自動改札機を上星川駅に導入
1995(平成 7)	3.19	海老名駅に自動改札機導入、全駅の自動改札化が完了
1999(平成11)	3.10	いずみ野線いずみ中央～湘南台間が開業
2002(平成14)	2.24	10000系電車が登場
2005(平成17)	6.24	ATSの改良による急曲線の速度超過対策を完了
2007(平成19)	3.18	鉄道・バス共通ICカード「PASMO」のサービス開始
2009(平成21)	1.22	休眠子会社の大関を相鉄準備会社に商号変更
	6.15	新型車両11000系電車の営業運転を開始
	9.16	相模鉄道が相鉄ホールディングスに商号変更、相鉄準備会社が相模鉄道になり鉄道事業を分社
2010(平成22)	3.25	相鉄・JR直通線建設工事の起工式
2012(平成24)	3.30	相鉄バスの空港リムジンバス、海老名駅～羽田空港線が営業開始。

会社沿革図

1917年12月18日創立
相模鉄道創立

1943年4月1日合併 ← **1926年5月12日開業 神中鉄道**

→ **1944年6月1日買収 運輸通信省（茅ヶ崎～橋本・寒川～四之宮）**

1945年6月1日経営委託
東京急行電鉄

1947年5月31日経営委託解除
相模鉄道

2009年9月16日発足
相鉄ホールディングス

▼希望ヶ丘駅近くの踏切。高架化によりこういった光景も少なくなっていく。

▲横浜駅からしばらく並行して走るJR東海道線。

◀かつて厚木基地まで航空燃料輸送をおこなっていた引き込み線。

広岡友紀（ひろおか　ゆき）

鉄道・航空評論家。全国の鉄道関係の著書多数。財界・ホテル問題などにも詳しい。主な著書に『THE 京王電鉄』『THE 京急電鉄』『THE 小田急電鉄』『THE 東急電鉄』『THE 西武鉄道』『THE 東武鉄道』『リゾート開発と鉄道財閥秘史』（以上、彩流社）、『西武鉄道』『京王電鉄』『小田急電鉄』『西武鉄道』ほか日本の私鉄シリーズ（以上、毎日新聞社）、『大手私鉄比較探見　東日本編―首都圏10社の車両・ダイヤ・ターミナル…』同西日本編、『西武鉄道まるごと探見』『相模鉄道　相鉄の過去・現在・未来』（以上、JTBパブリッシング）、『「西武」堤一族支配の崩壊』（さくら舎）ほか。

THE《ザ》 相模鉄道《さがみてつどう》

発行日……………2016年6月3日　第1刷　※定価はカバーに表示してあります
著者………………広岡友紀
発行者……………竹内淳夫
発行所……………株式会社彩流社
〒102-0071　東京都千代田区富士見2-2-2
TEL.03-3234-5931 FAX.03-3234-5932
http://www.sairyusha.co.jp/

編集協力…………株式会社天夢人 Temjin
写真協力…………加藤有子、西森 聡、河野孝司、井上廣和
地図………………ジェイ・マップ
デザイン・DTP……チックス.
印刷………………モリモト印刷株式会社
製本………………株式会社難波製本

Printed in Japan　ISBN978-4-7791-2371-9 C0026